Porque tal y como él piensa en su corazón, así es él:
Proverbios 23:7

El Libro del Mandala de la Emoción extrae nuestra vida interior para mostrarla con un diseño, creatividad y vitalidad a todo color. Es un listado iniciático de veinte emociones que nos proporciona una expresión facial y una representación artística de lo que podría estar pasando en el interior de nuestro corazón cuando experimentamos una emoción. Estos coloridos mandalas llenos de energía nos proporcionan una llave para desbloquear nuestra inteligencia emocional personal a través de preguntas sobre nuestra vida interior cuando tenemos una emoción. También muestran artísticamente cómo es la apariencia de la expresión exterior de cada uno de estos sentimientos. Disfruta del arte y expande tu vocabulario emocional. Este es el décimo libro de la serie Emotatude.

Escrito por
Karen Porter y la Dr. Martha Joseph Watts

Ilustrado por
Karen Porter

Mandalas de la Emoción

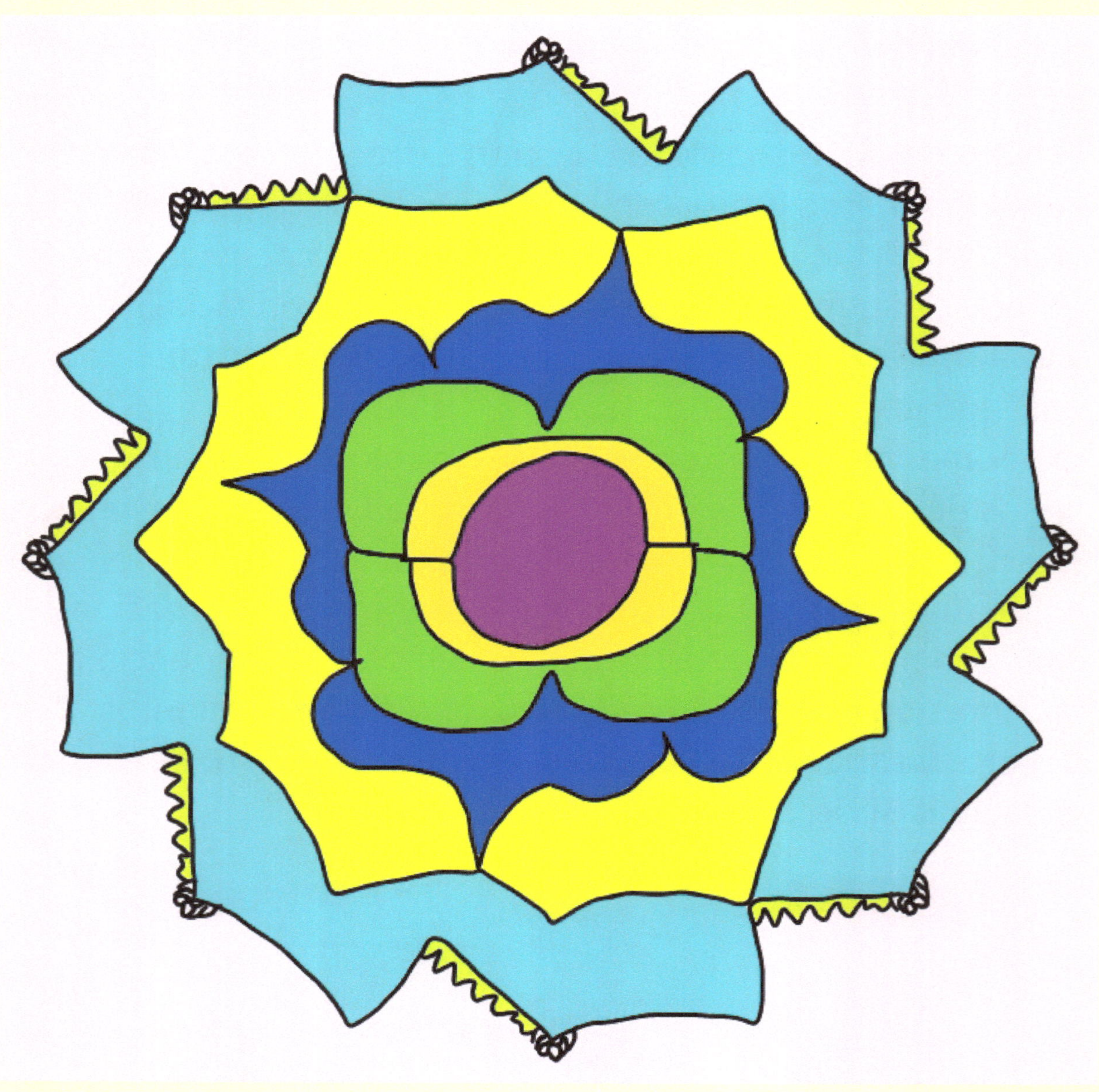

ISBN 978-1-946785-27-5

Este libro está dedicado

a

La Dra. Nancy Perry, quien me enseñó la importancia de respetar los sentimientos.

This nonfiction book contains illustrations and definitions of 25 emotions that will help express feelings.

KAREN PORTER

ISBN 978-1-946785-27-5

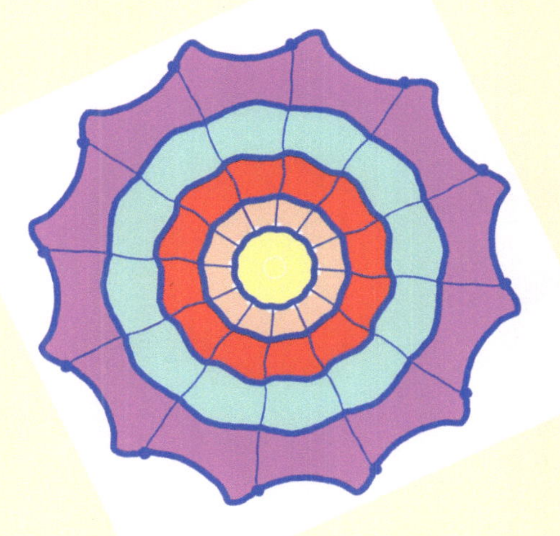

Sentimiento

Poseer un estado o reacción emocional.
Todo el mundo tiene sentimientos.

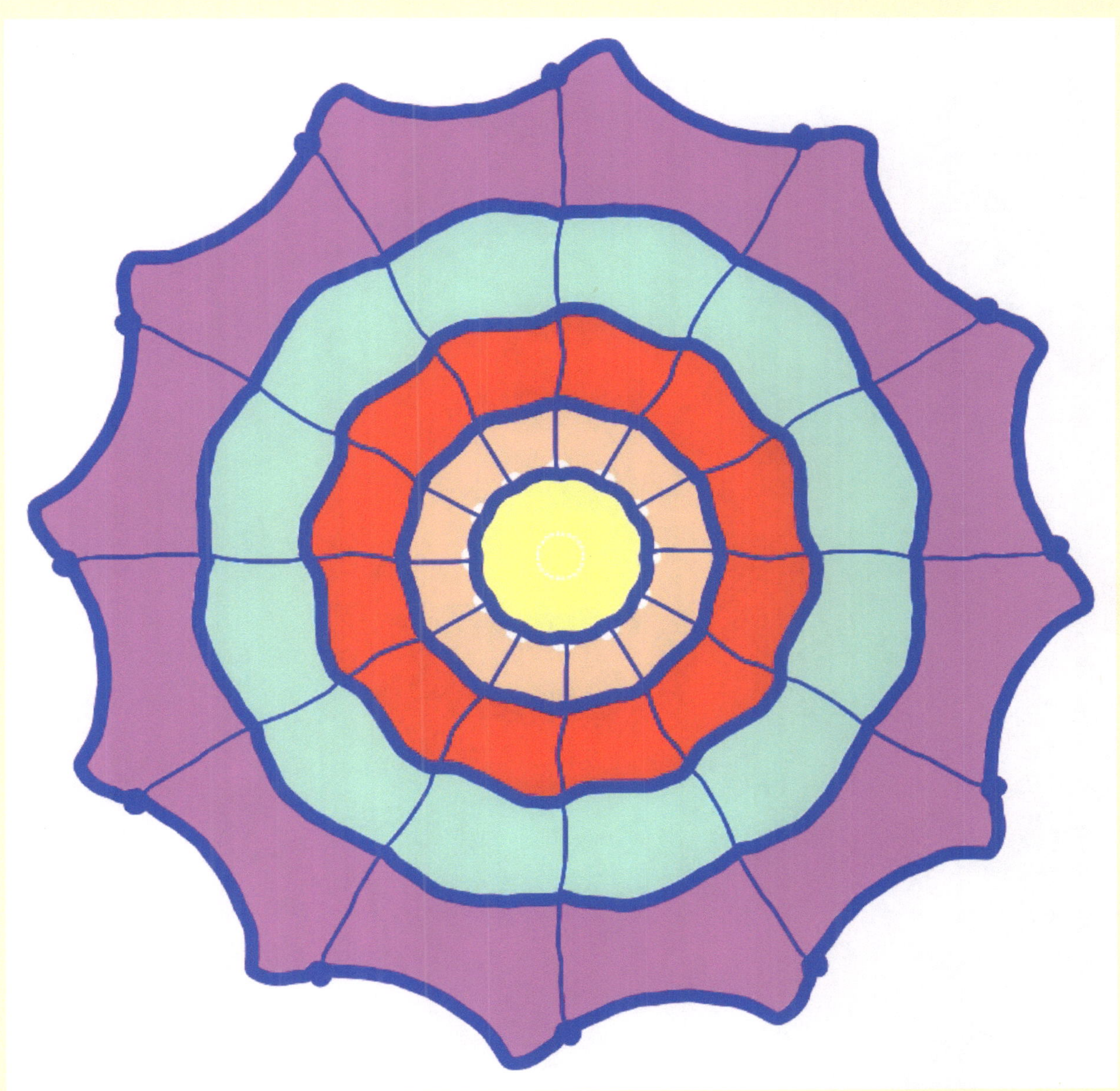

¿Qué pasa en nuestro interior que nos hace sentir?

Seguro

Tener la sensación de que puedes hacer bien cualquier cosa.

A veces te ves seguro.

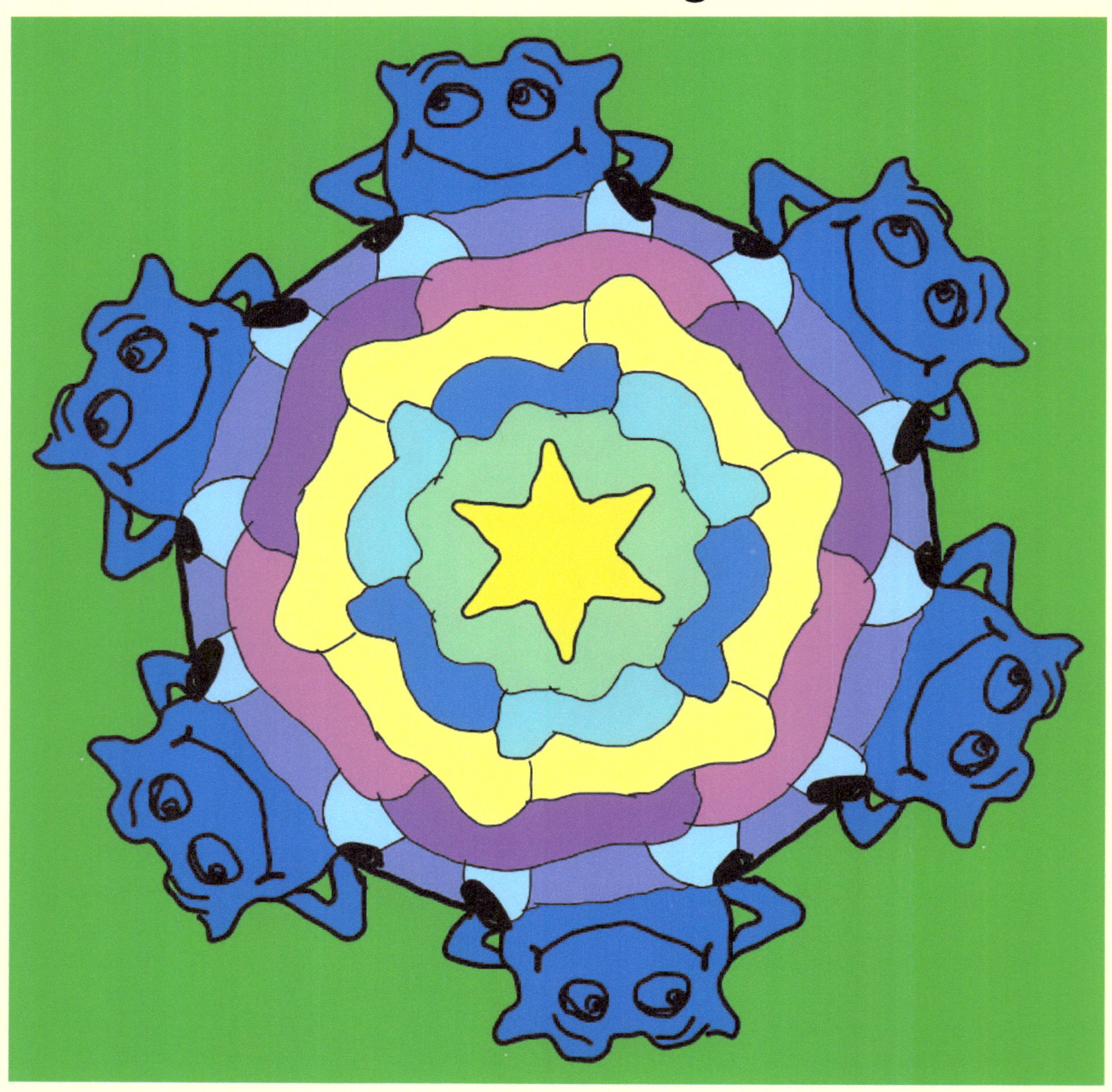

¿Qué sucede en tu interior para hacerte parecer seguro?

Asustado

Tener la sensación de que algo puede hacerte daño.

•

A veces pareces asustado.

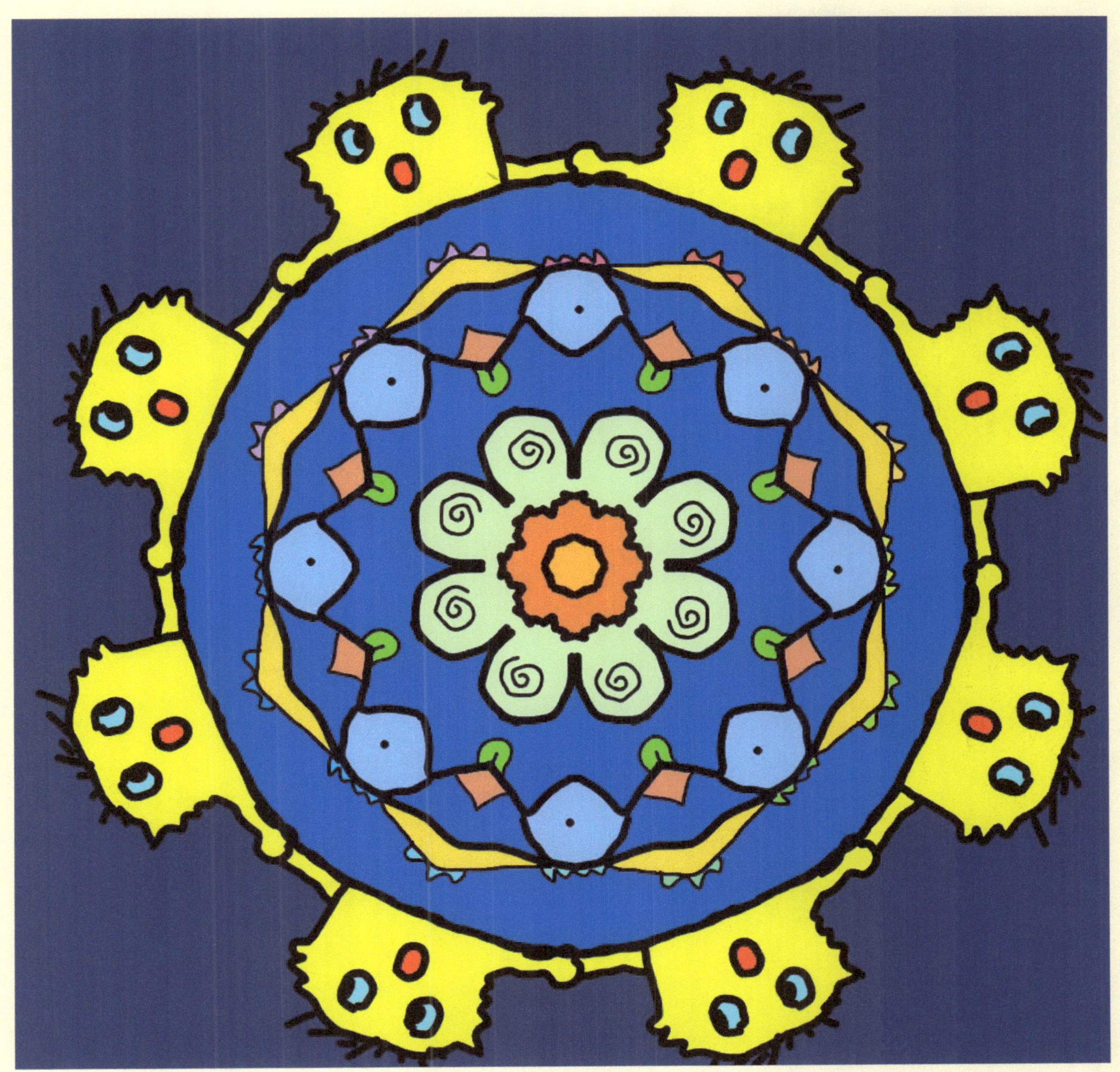

¿Qué sucede en tu interior para hacerte parecer asustado?

Emocionado

Tener la sensación de que todo es increíble.
¡A veces pareces emocionado!

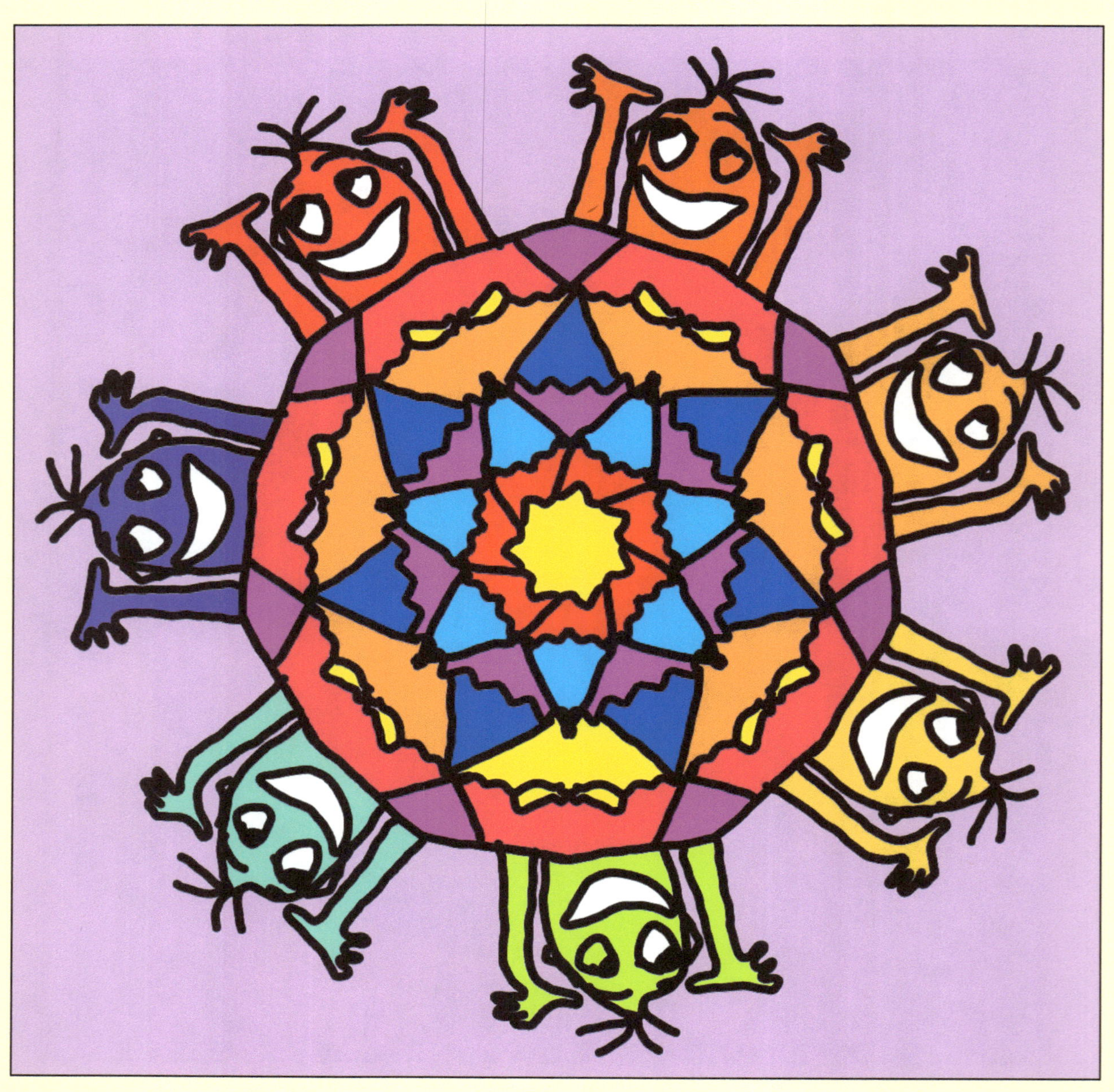

¿Qué sucede en tu interior para hacerte parecer Emocionado?

Enfadado

Tener la sensación de que alguien te hizo algo malo. A veces pareces enfadado.

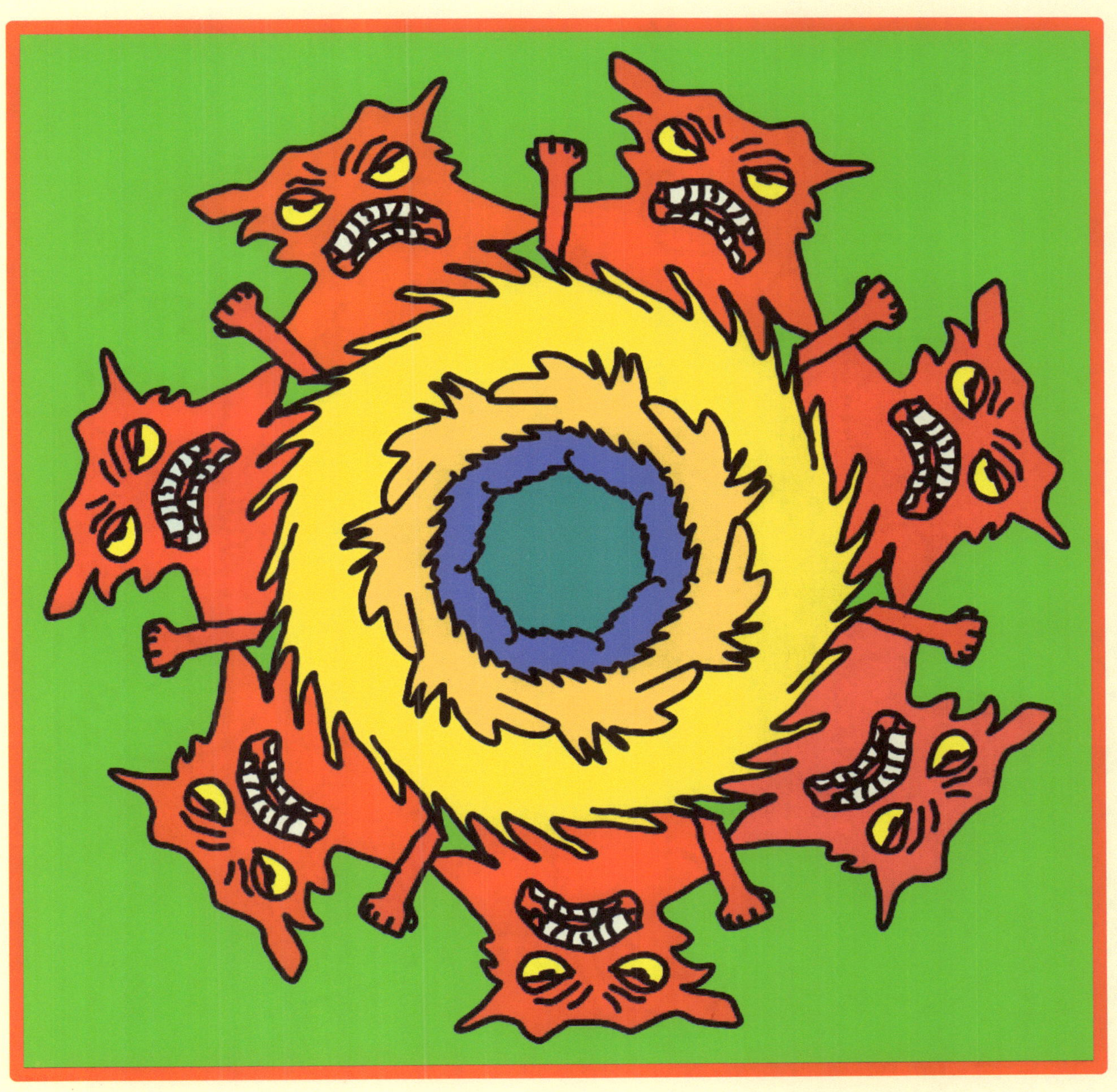

¿Qué sucede en tu interior para hacerte parecer enfadado?

Feliz

Estar contento y querer sonreír. A veces pareces feliz..

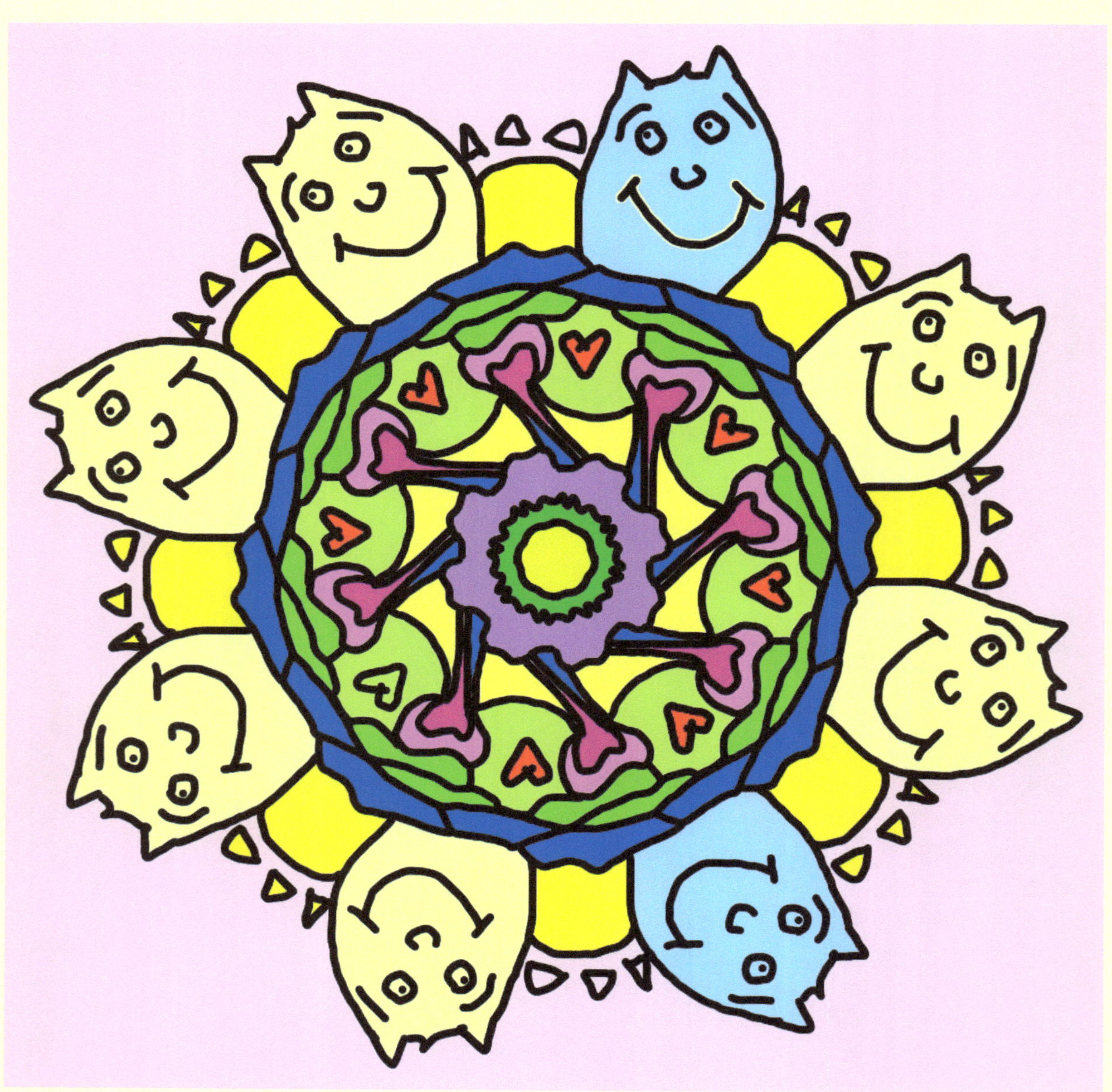

¿Qué sucede en tu interior para hacerte parecer feliz?

Aburrido

Tener la sensación de que no te importa o no quieres hacer nada. A veces pareces aburrido.

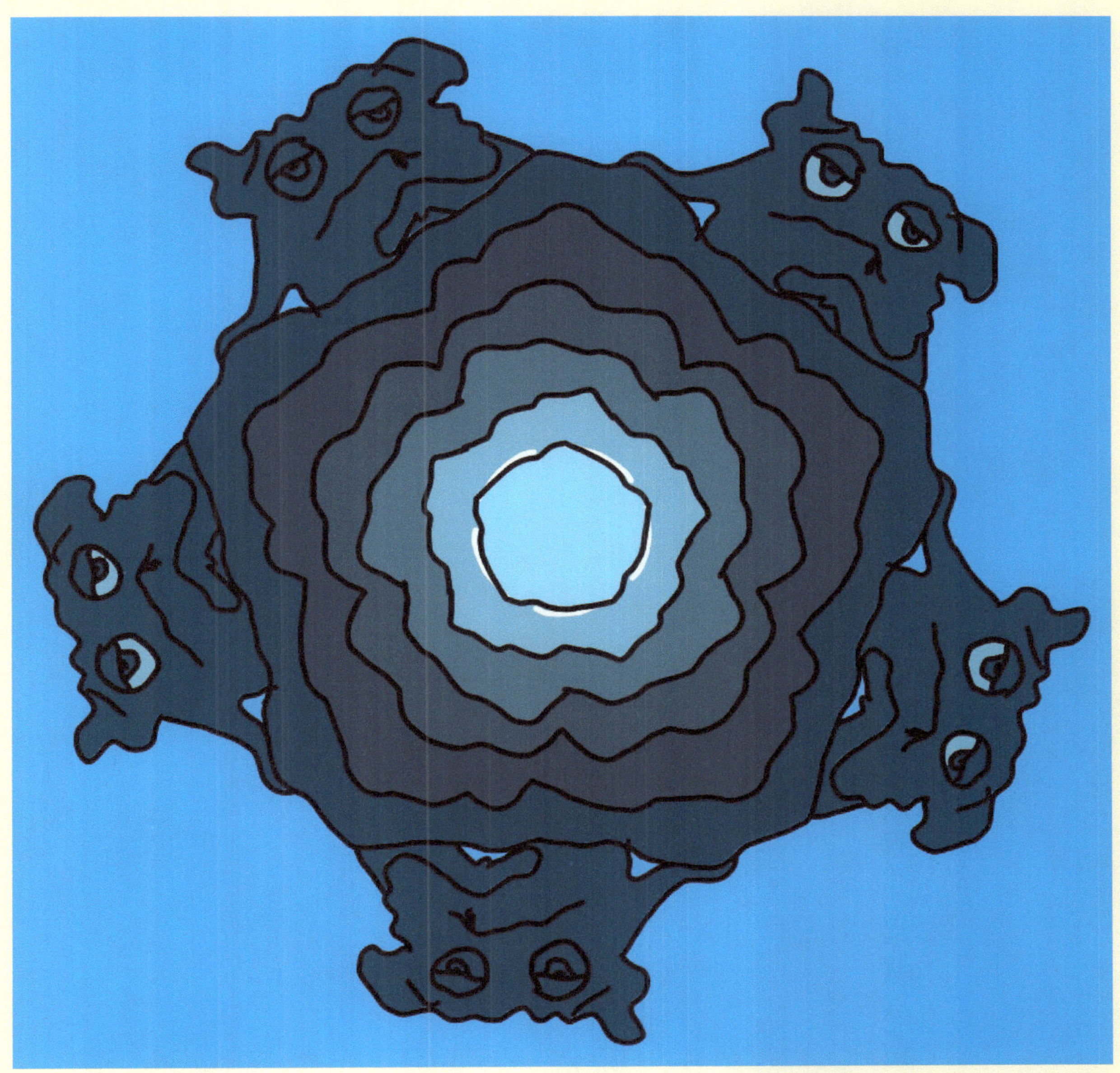

¿Qué sucede en tu interior para hacerte parecer aburrido?

Esperanzado

Tener la sensación de que las cosas irán a mejor. ¡A veces pareces esperanzado!

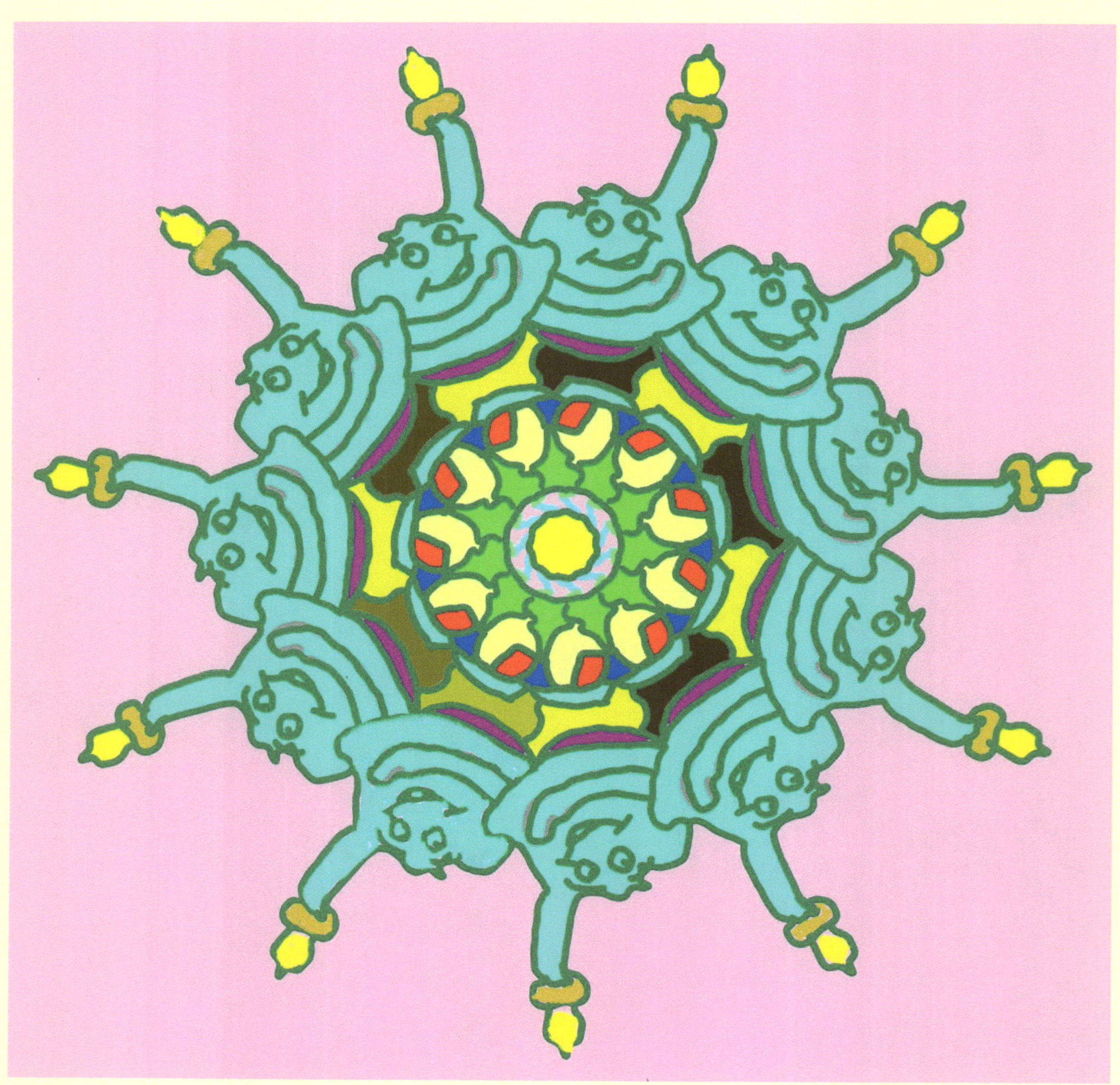

¿Qué sucede en tu interior para hacerte parecer esperanzado?

Confundido

Sentirse inseguro acerca de algo. A veces pareces confundido.

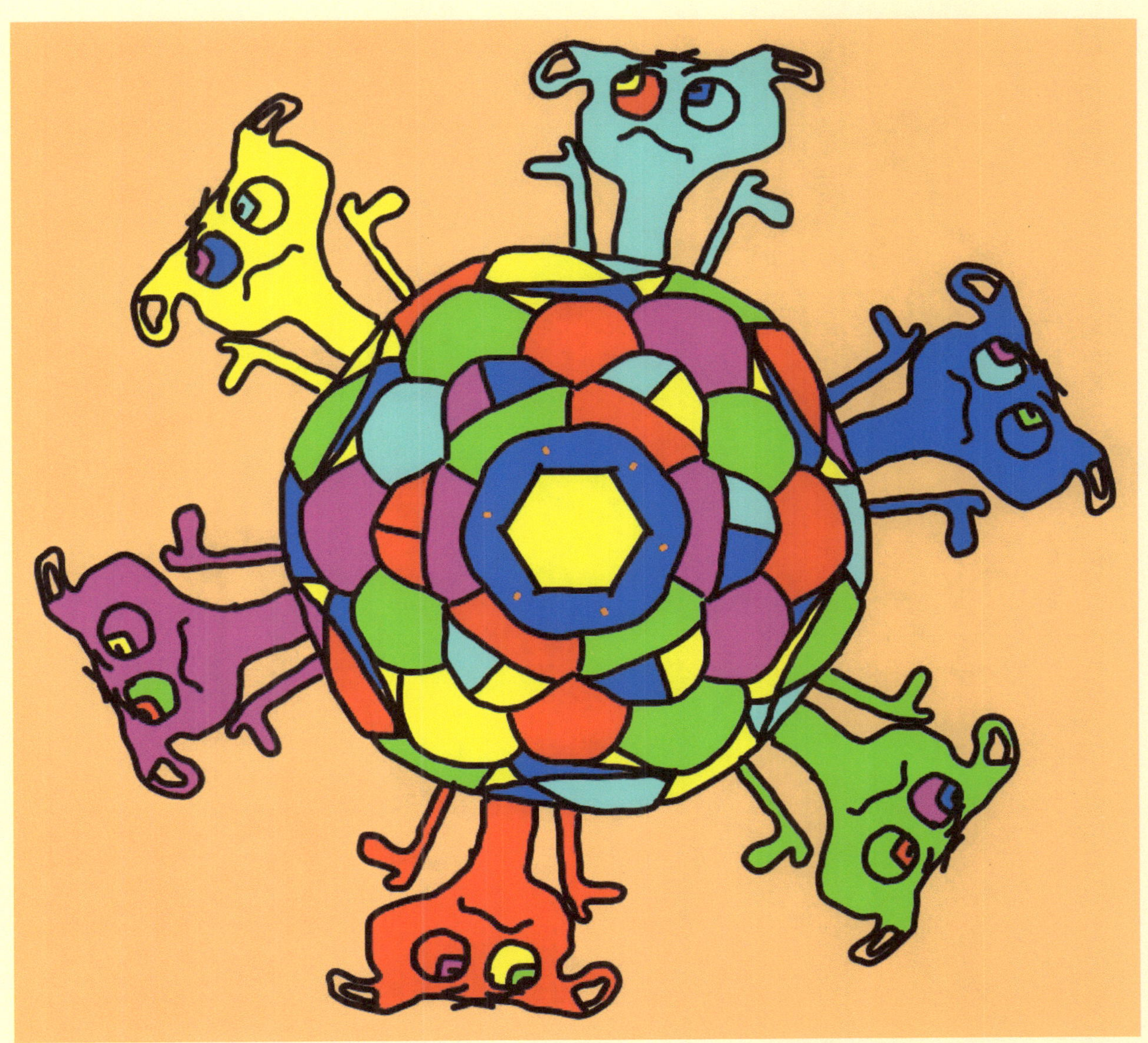

¿Qué sucede en tu interior para hacerte parecer confundido?

Decepcionado

Tener la sensación de que no puedes conseguir lo que quieres. A veces pareces decepcionado.

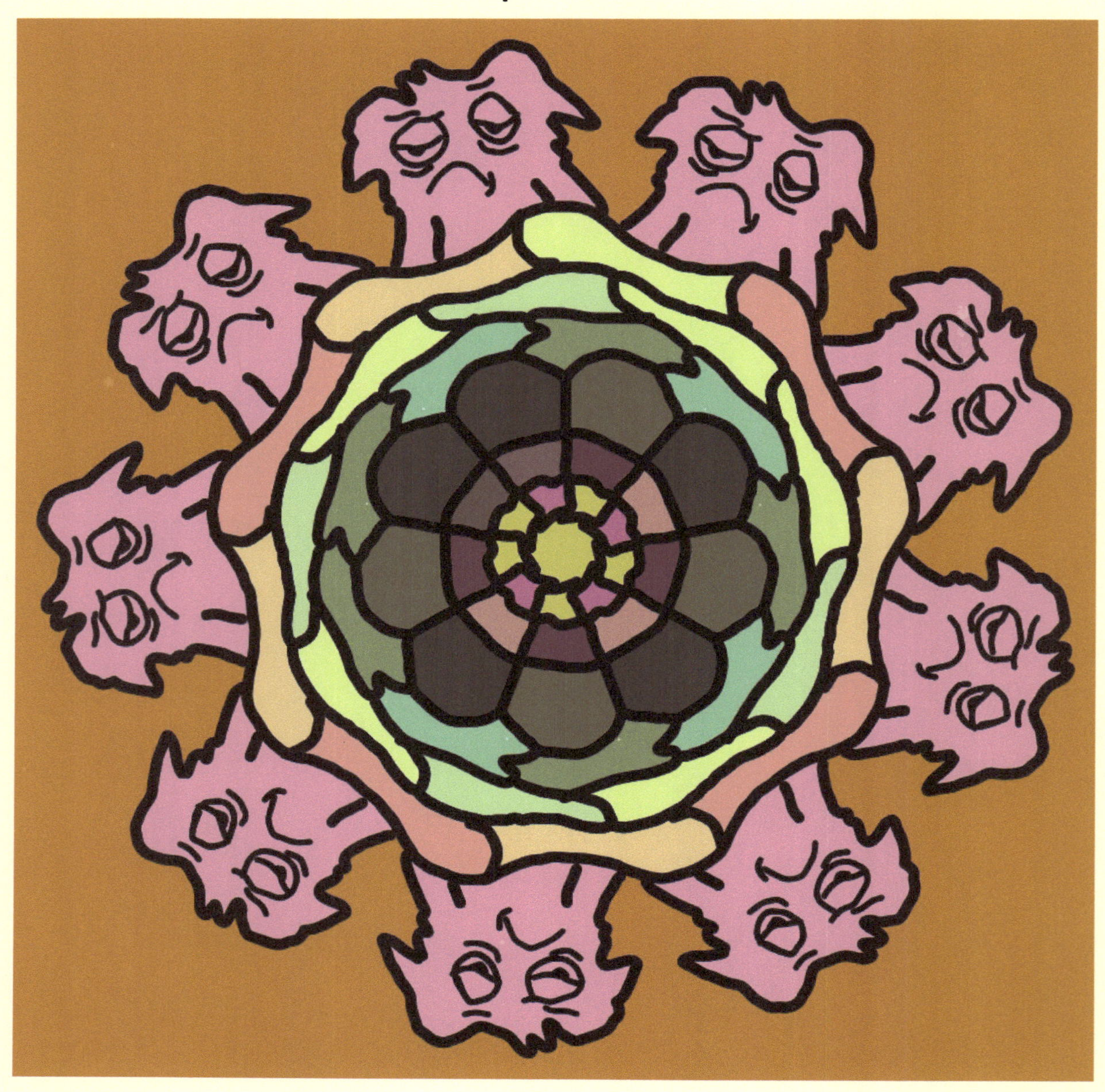

¿Qué sucede en tu interior para hacerte parecer decepcionado?

Avergonzado

Sentir vergüenza. A veces pareces avergonzado.

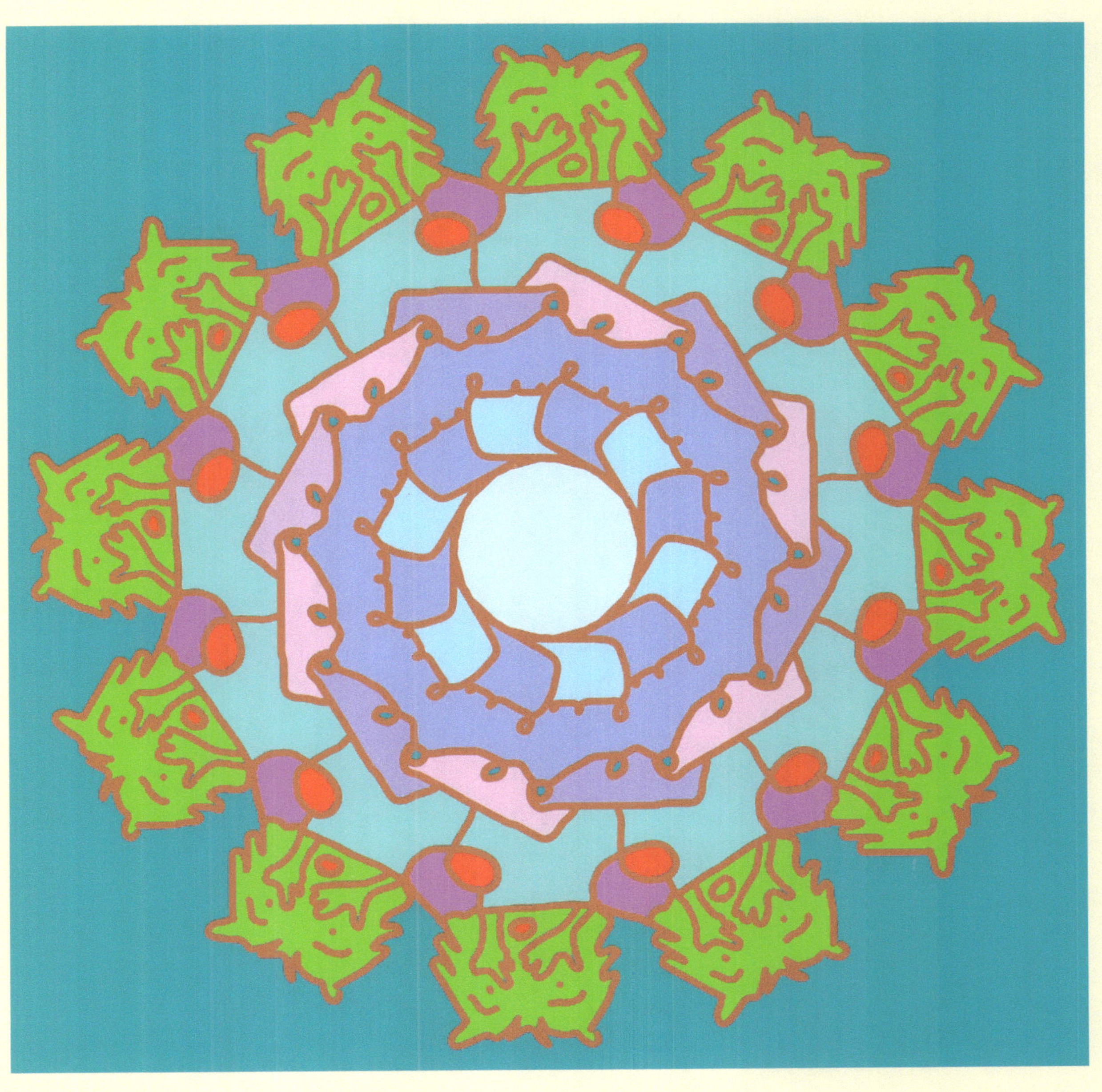

¿Qué sucede en tu interior para hacerte parecer avergonzado?

Tímido

Tener la sensación de que no quieres que otros te perciban. A veces pareces tímido.

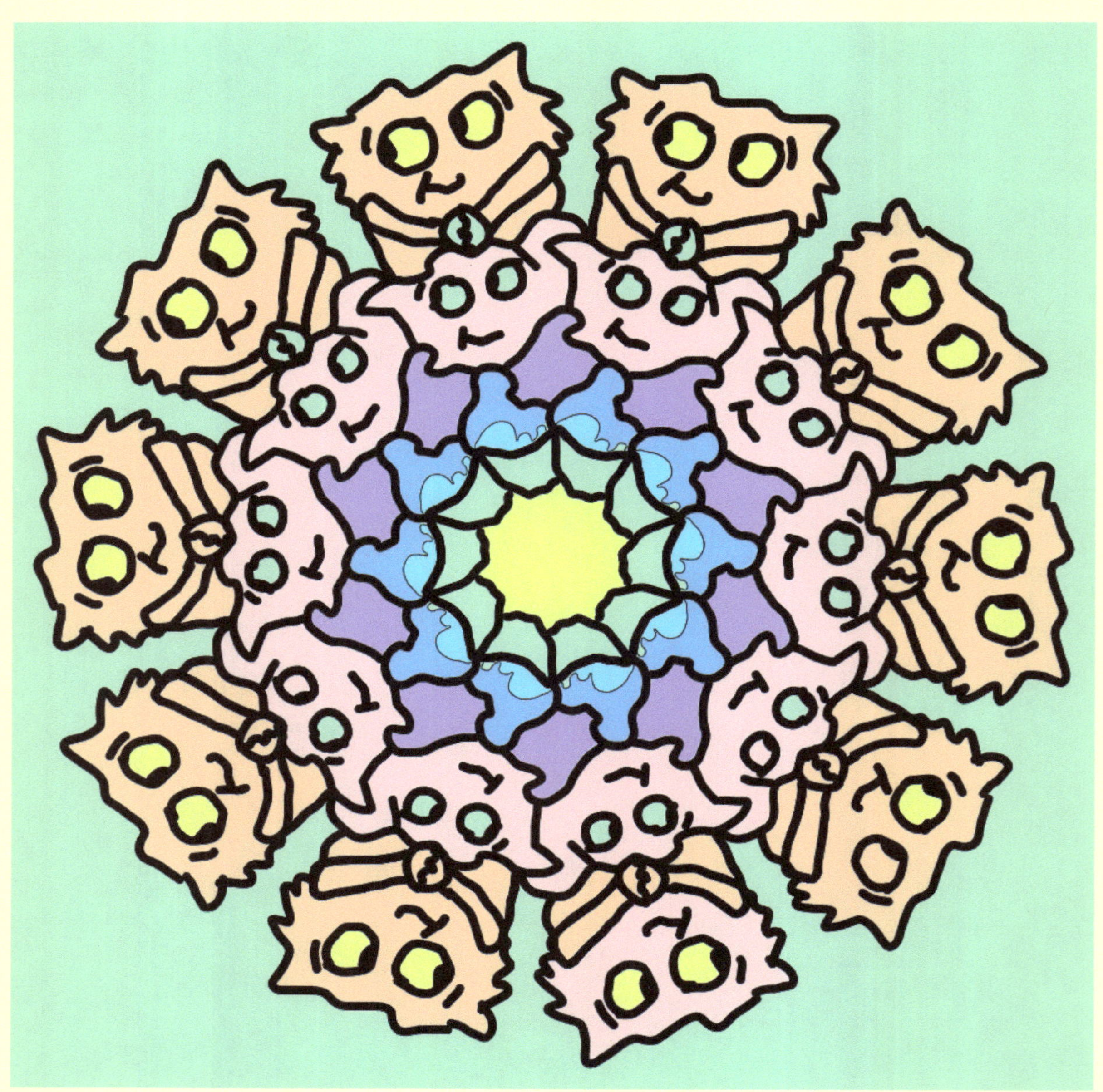

¿Qué sucede en tu interior para hacerte parecer tímido?

Frustrado

Tener la sensación de que estás atascado en un problema que no puedes solucionar. A veces pareces frustrado..

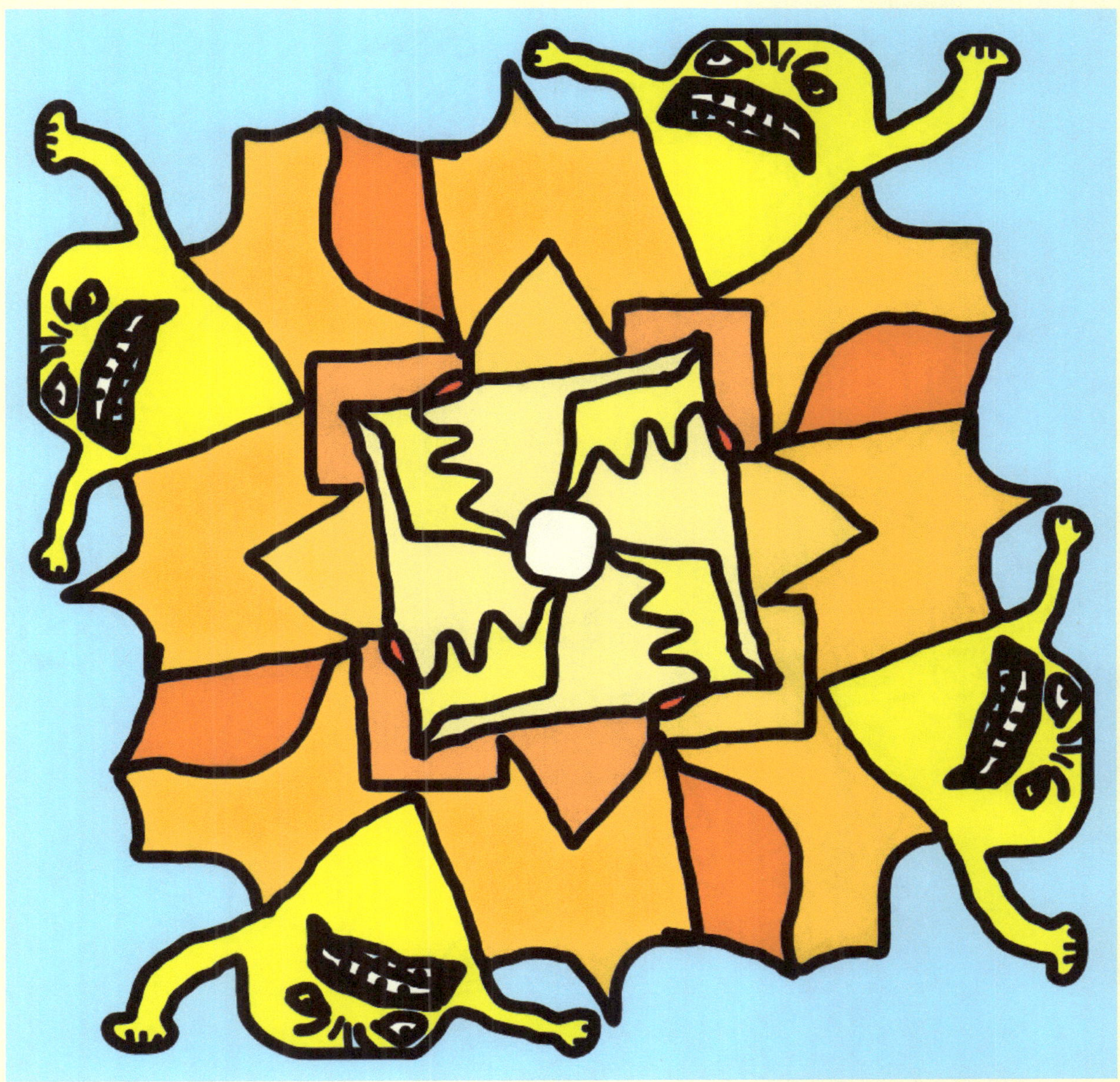

¿Qué sucede en tu interior para hacerte parecer frustrado?

Malhumorado

Sentirse molesto por los demás.
A veces pareces malhumorado.

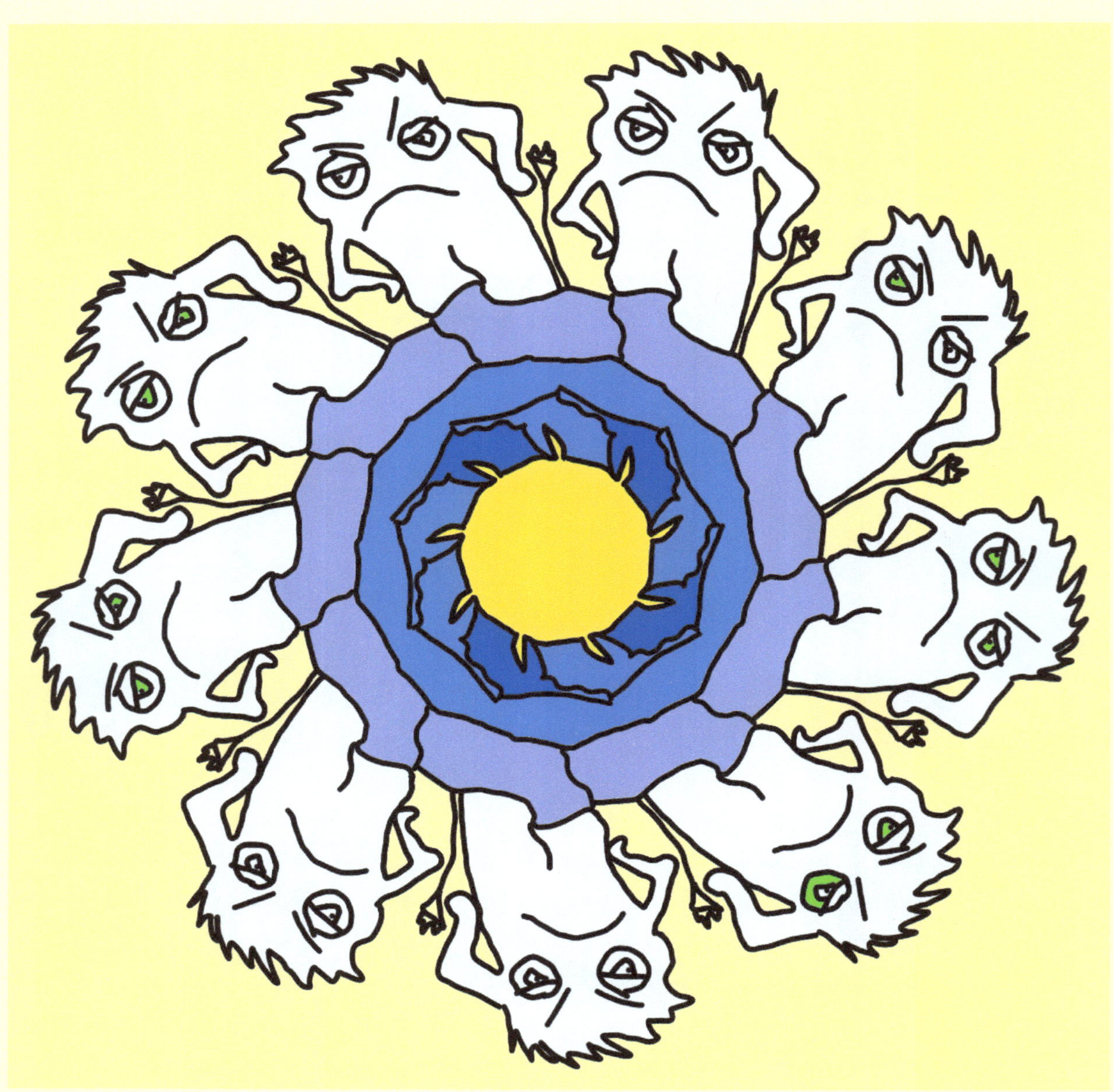

¿Qué sucede en tu interior para hacerte parecer malhumorado?

Culpable

Tener la sensación de que la culpa es nuestra.
A veces pareces culpable.

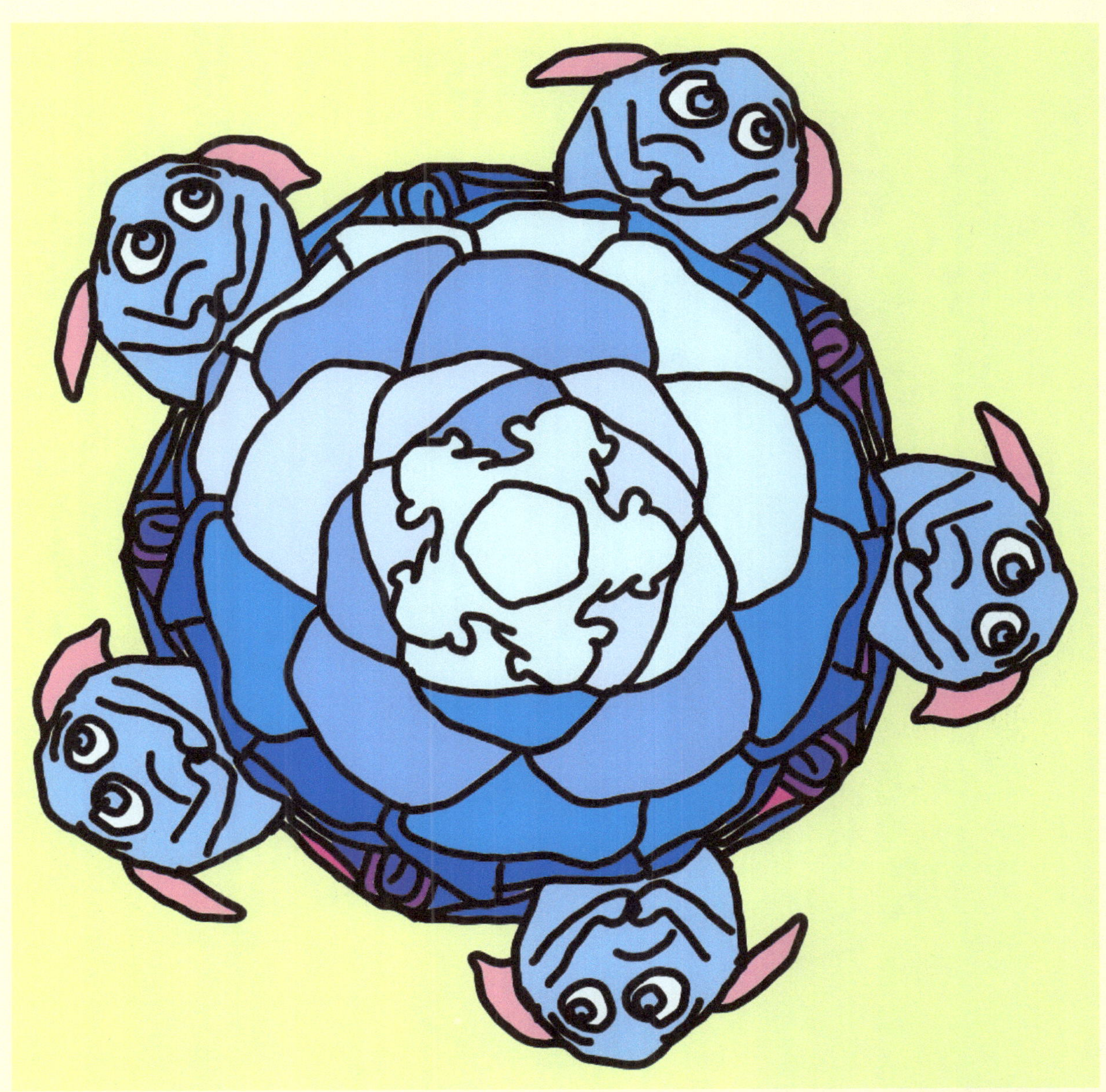

¿Qué sucede en tu interior para hacerte parecer culpable?

Triste

Sentir dolor, pérdida e infelicidad.
A veces pareces triste.

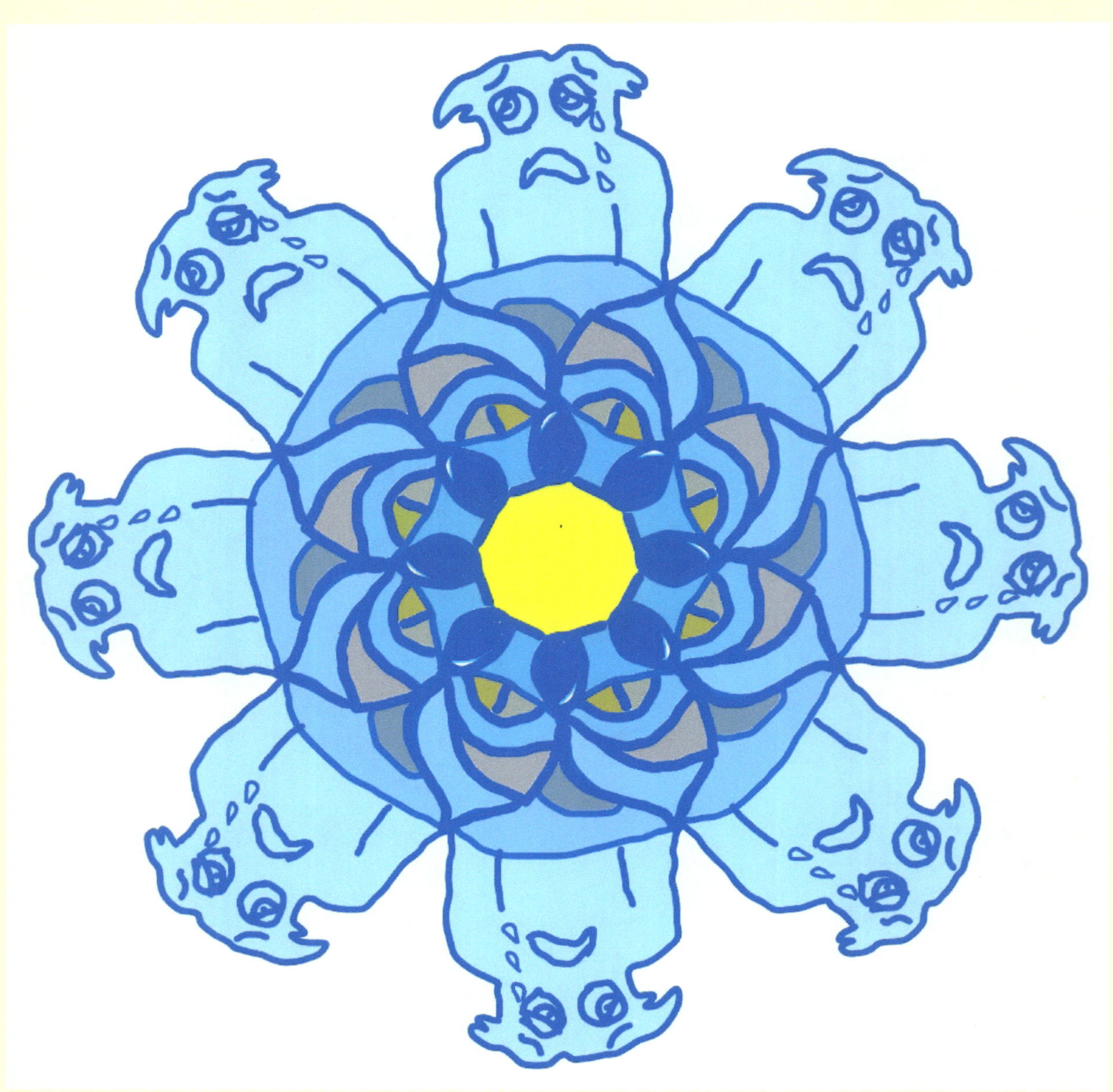

¿Qué sucede en tu interior para hacerte parecer triste?

Hambriento

Sentir la necesidad de conseguir comida.

A veces pareces hambriento.

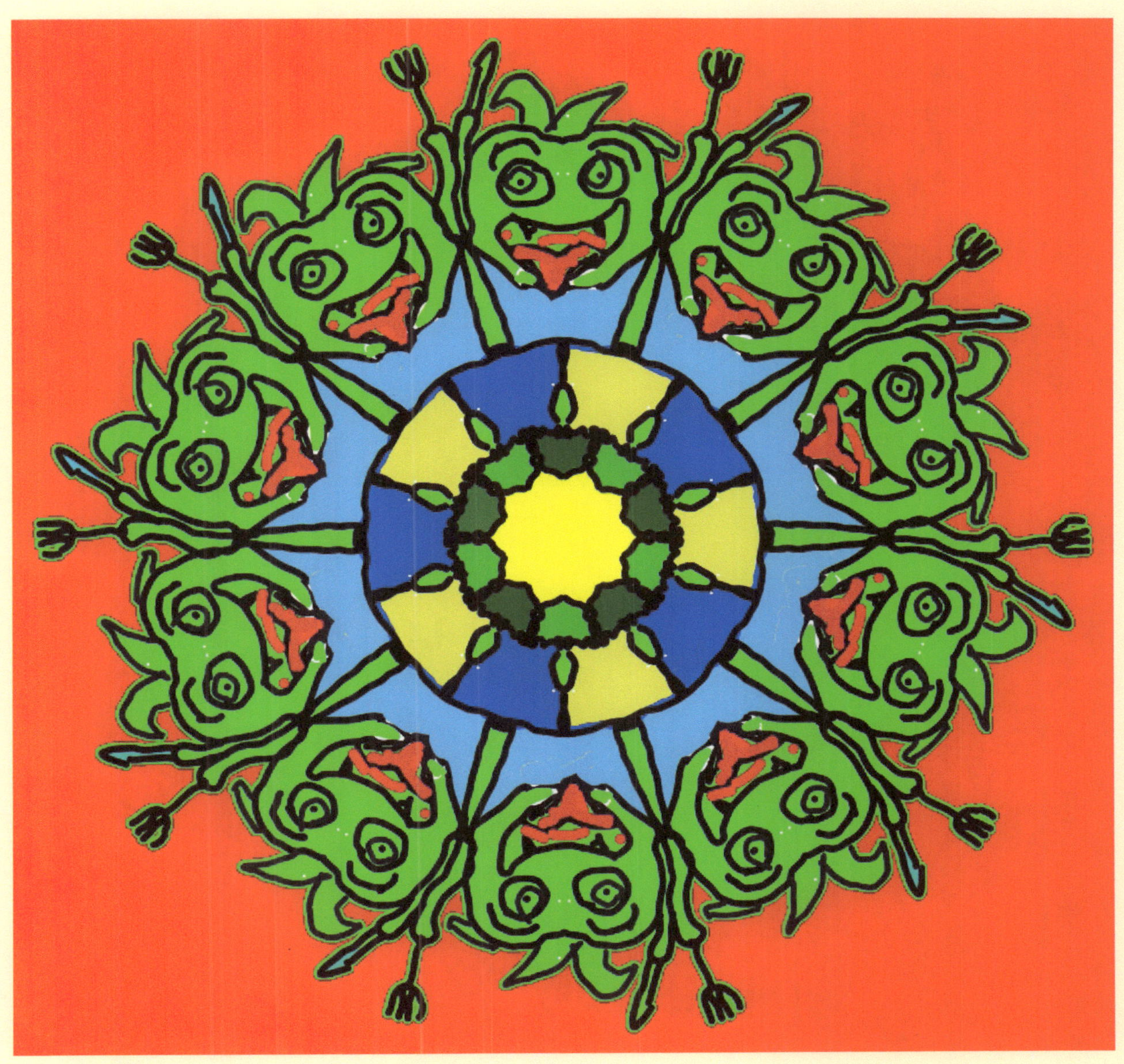

¿Qué sucede en tu interior para hacerte parecer hambriento?

Enfermo

Sentirse mal como cuando te duele el cuerpo.
A veces pareces enfermo.

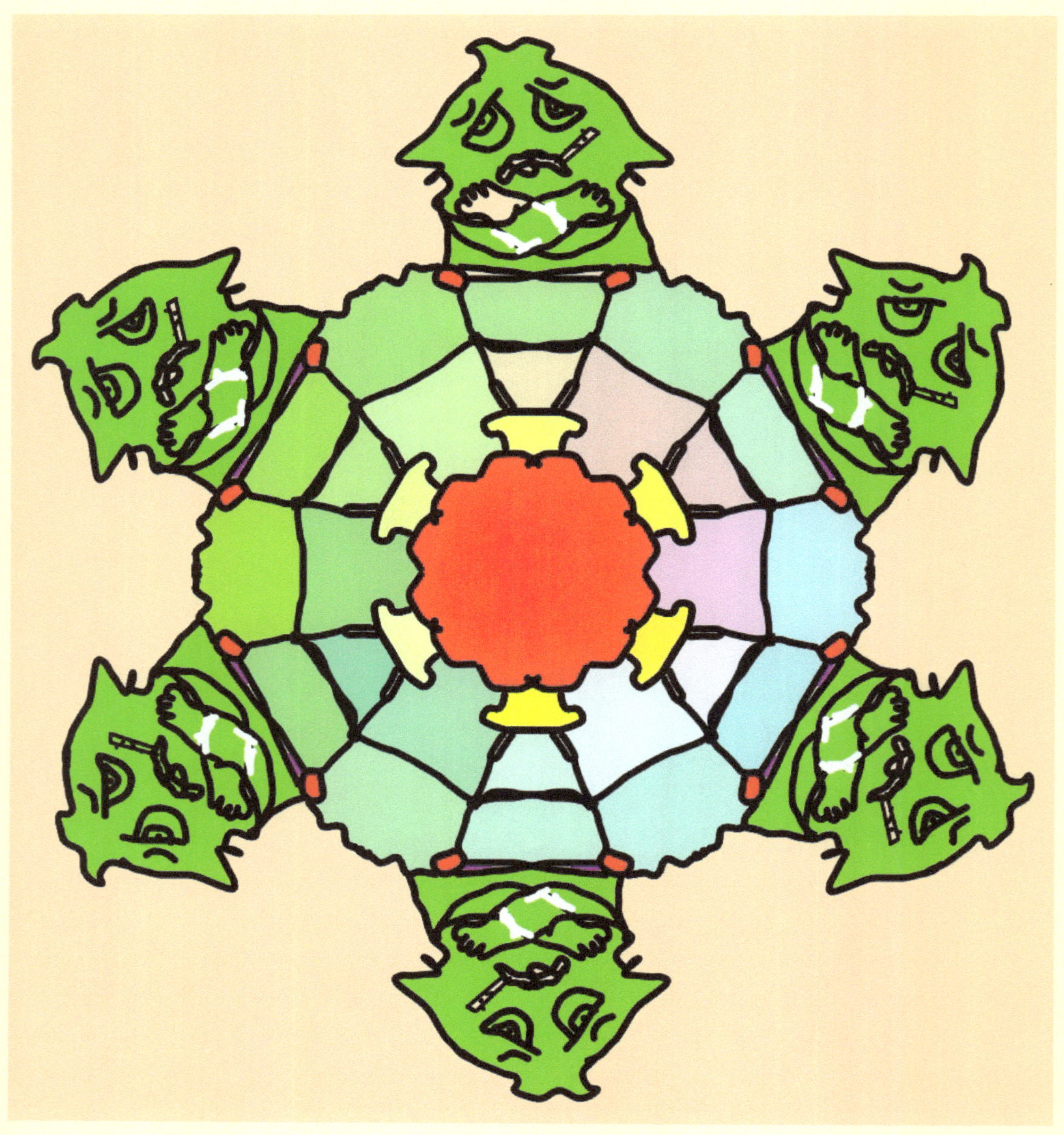

¿Qué sucede en tu interior para hacerte parecer enfermo?

Preocupado

Sentir temor sobre lo que podría ir mal.
A veces pareces preocupado.

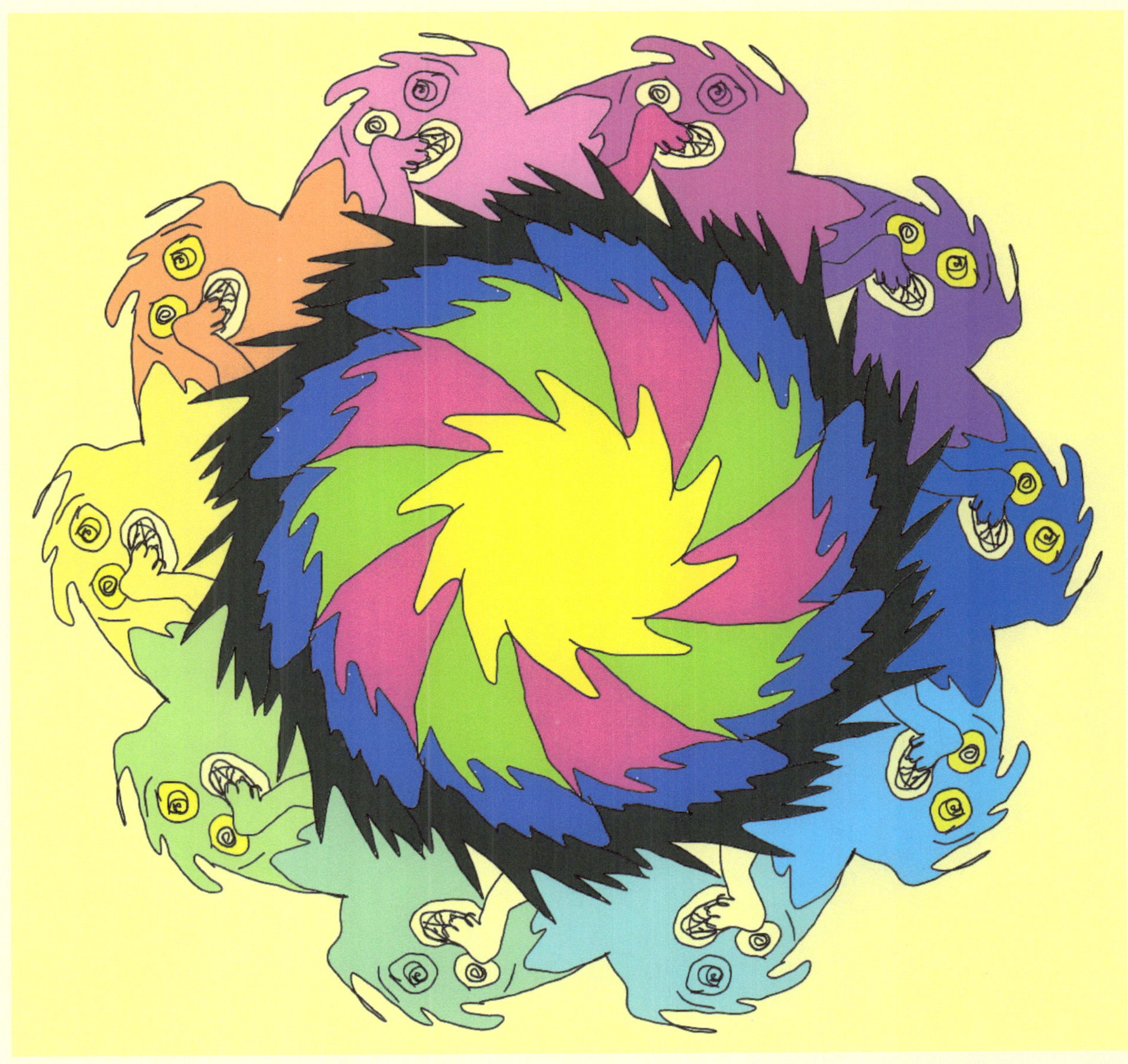

¿Qué sucede en tu interior para hacerte parecer preocupado?

Estresado

Sentirse constantemente molesto.
A veces pareces estresado..

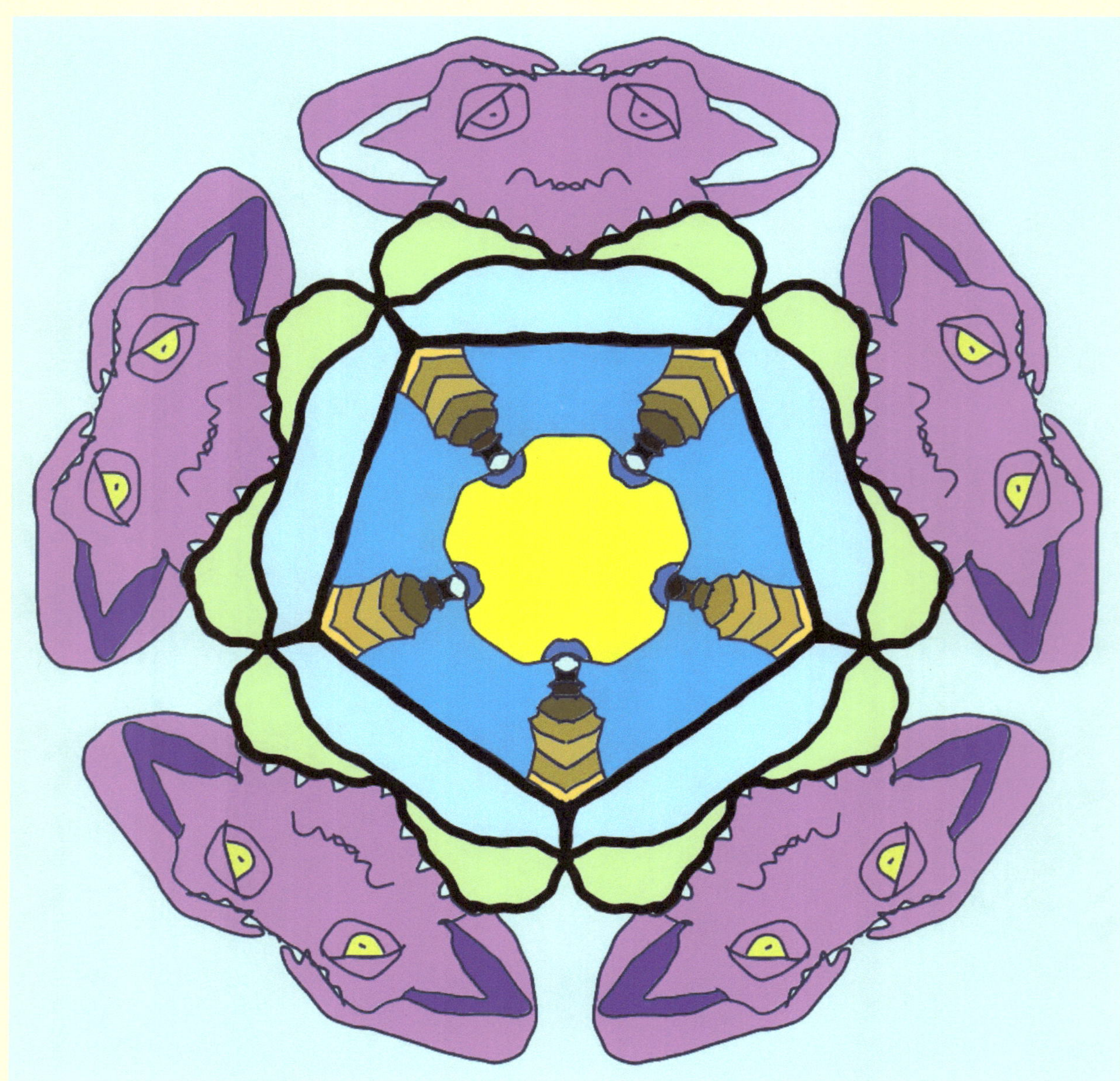

¿Qué sucede en tu interior para hacerte parecer estresado?

Soñoliento

Sentirse cansado, como cuando quieres acostarte.
A veces pareces soñoliento.

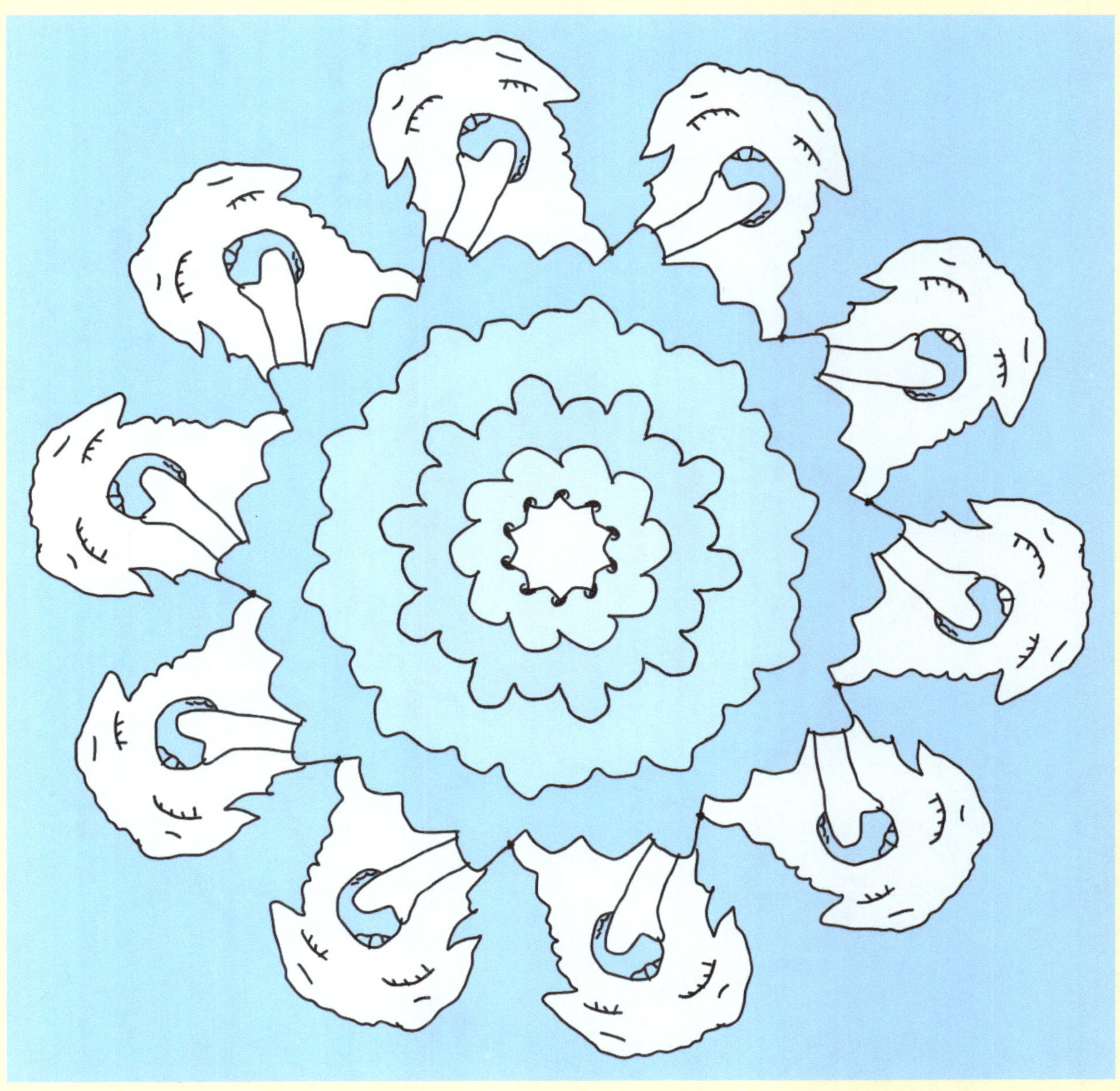

¿Qué sucede en tu interior para hacerte parecer soñoliento?

Este mandala expresa los sentimientos de alguien.
Tiene puntos y triángulos.

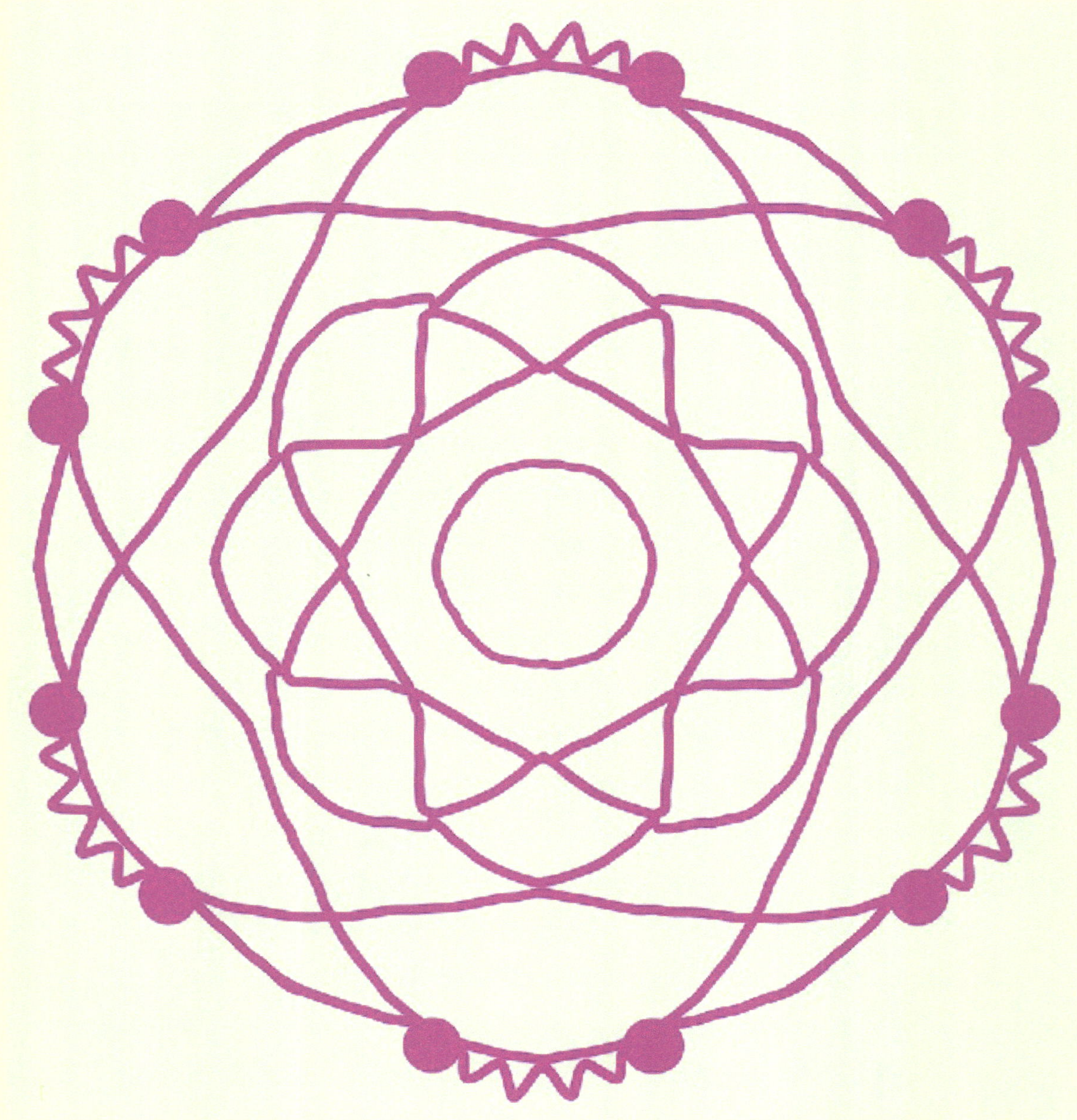

¿Tus sentimientos tienen formas?

¿Podemos sentir amarillo, rojo, azul, magenta y rosa?

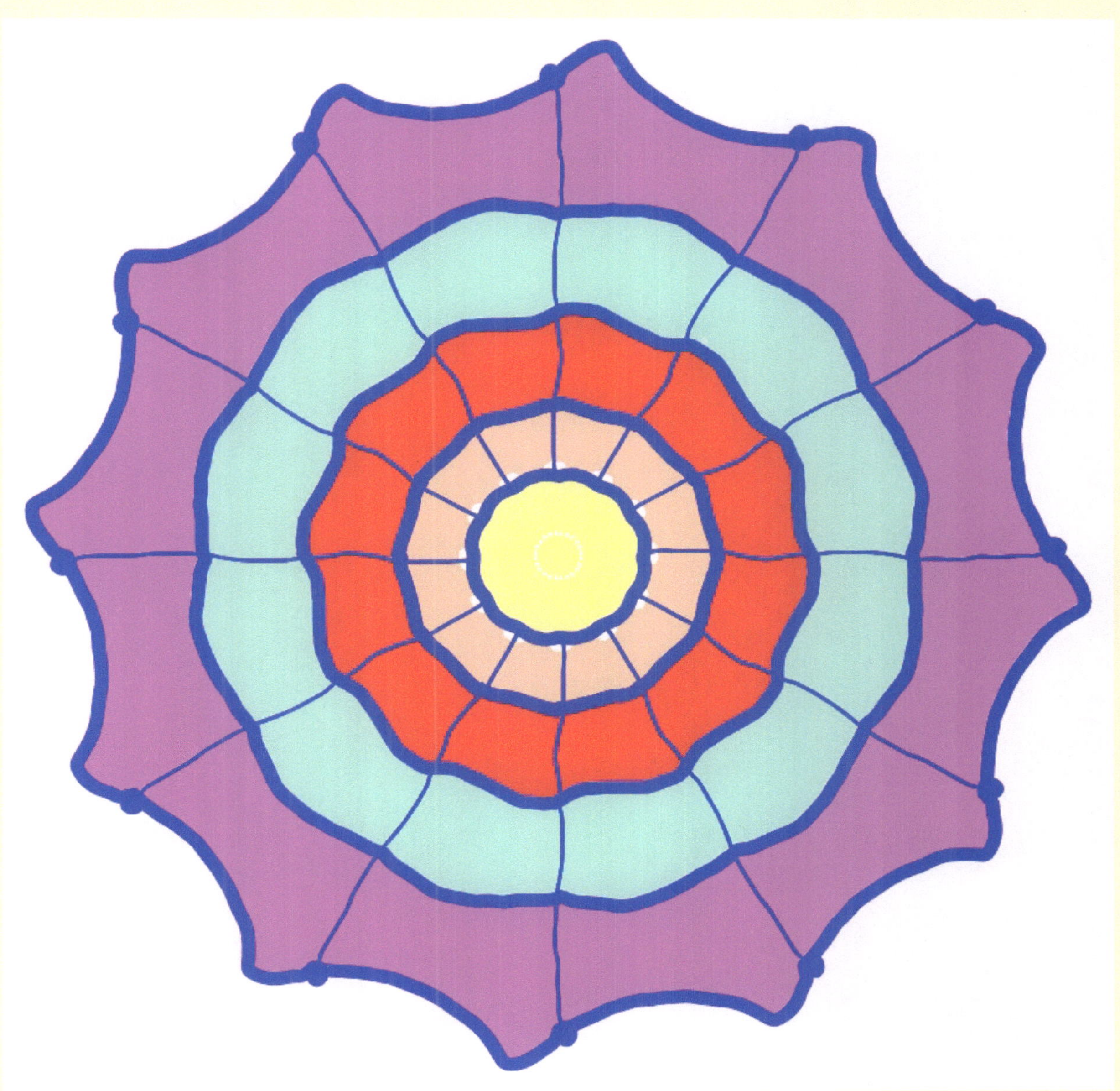

¿Tus sentimientos tienen colores?

¿La gente experimenta sentimientos como pétalos de una flor, o puntos en un copo de nieve?

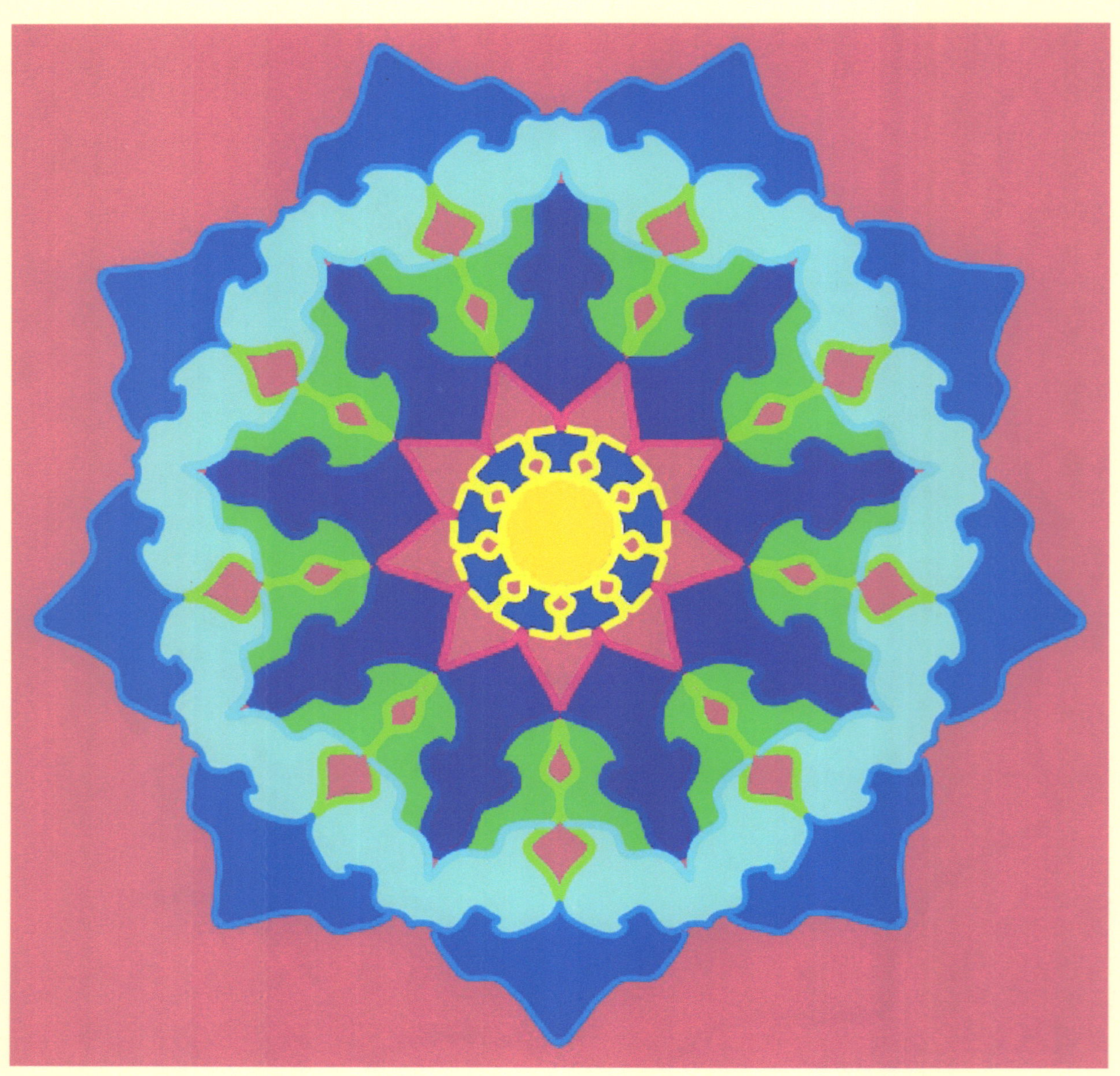

¿Tus sentimientos se parecen a las cosas que ves en la naturaleza?

A veces, cuando miramos
el exterior de una persona.

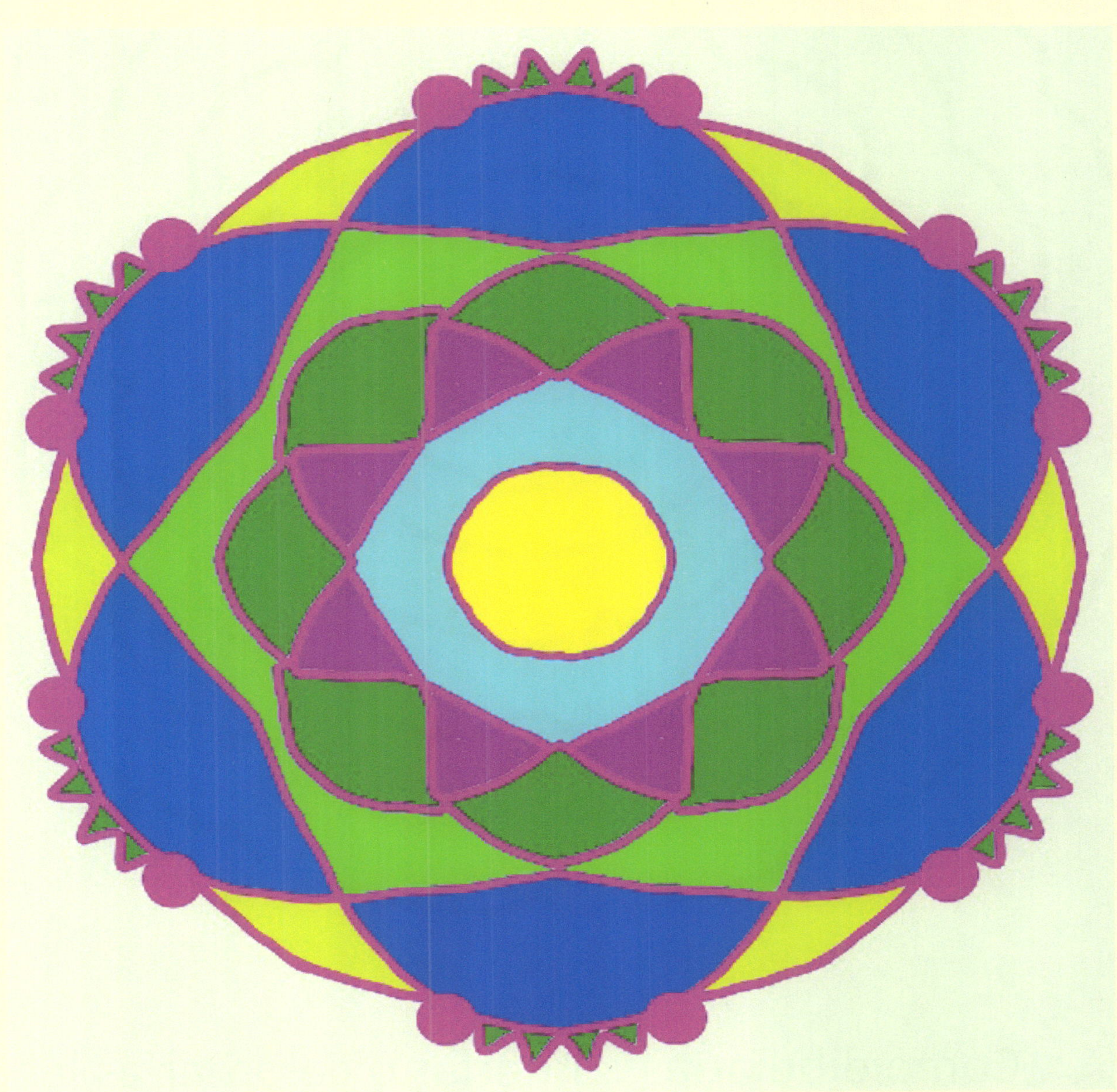

Podemos comprender cómo
se siente por dentro.

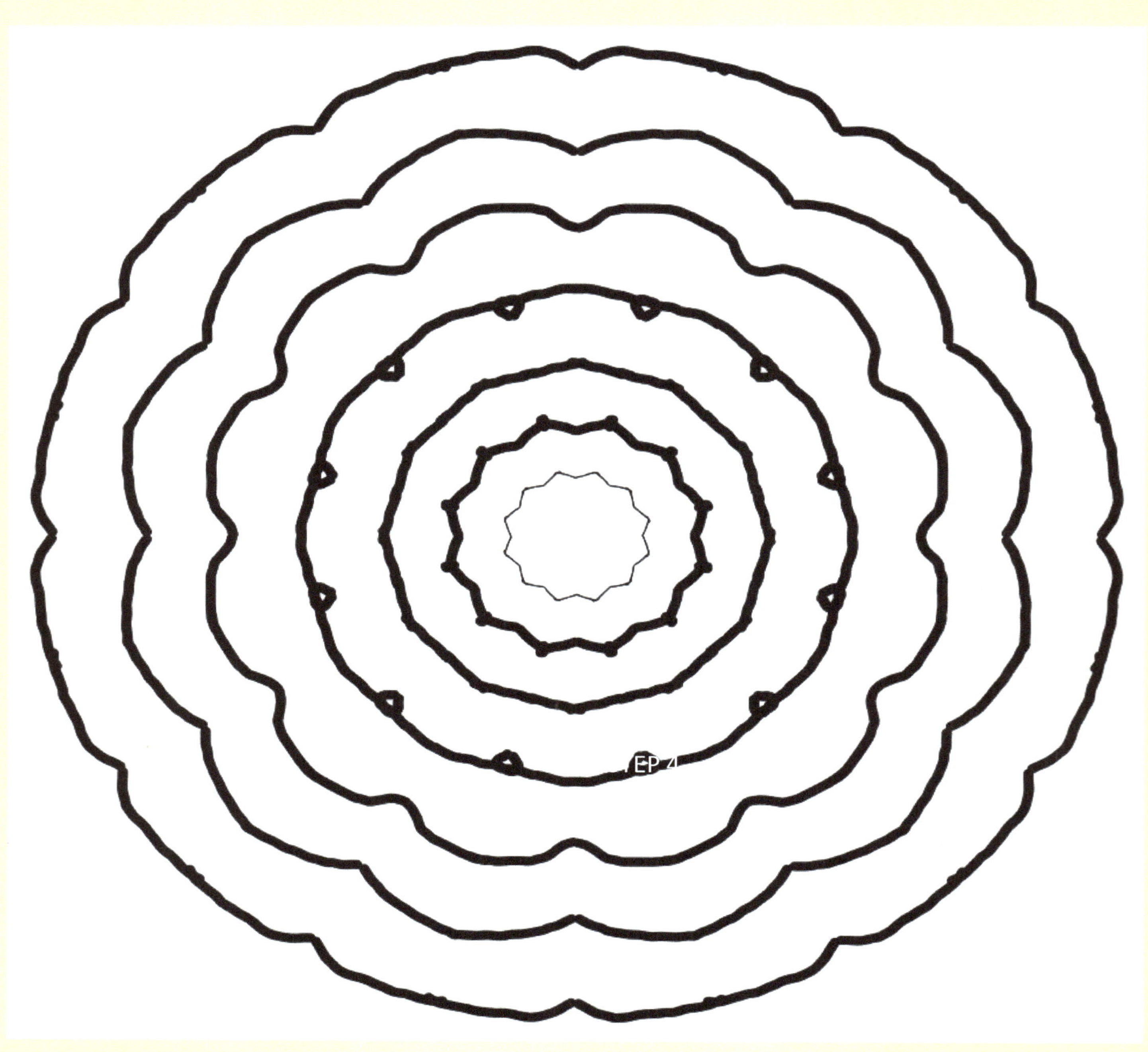

¿Cómo dibujarías, pintarías o colorearías los sentimientos que **tú** tienes en tu interior?

Aquí tienes algunas ideas para rellenar tu mandala. ¡También puedes crear nuevas formas personalizadas! Pétalos, líneas, triángulos, puntos y círculos, triángulos con puntos, pétalos largos, pétalos puntiagudos, líneas y espirales ondulantes, pétalos caídos... Utiliza las formas en distintas combinaciones para elaborar tu propio mandala. Incluso puedes dibujar formas que te inventes. Utiliza tu imaginación. Rellena este mandala con líneas, formas y colores que expresen tu experiencia cuando te sentías ____________ (seguro, asustado, emocionado, enfadado, feliz, aburrido, esperanzado, confundido, decepcionado, avergonzado, tímido, frustrado, malhumorado, culpable, triste, hambriento, enfermo, preocupado, estresado, soñoliento)

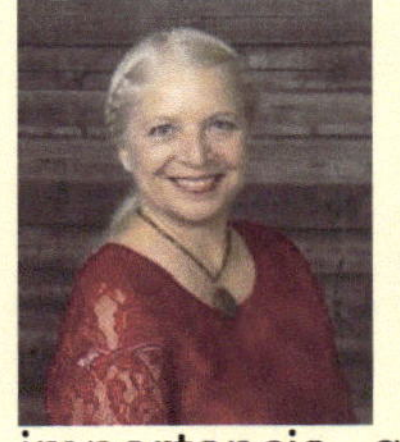

Karen White Porter es Directora de Loga Springs Academy y Profesora Acreditada a nivel nacional. Tras graduarse de la Universidad de Rutgers con un máster en enseñanza del lenguaje, comenzó a dar clases a los niños. Fue entonces cuando se percató de la importancia que tiene la inteligencia emocional entre sus estudiantes. El haber transmitido sus conocimientos por todo el mundo le dio una idea de la importancia de los fundamentos emocionales con respecto a cómo aprenden las personas. Ha impartido clases en East China Normal University de Shanghai (República Popular China), Hofstra University en Hempstead (Nueva York), Hillside Public Schools en Nueva Jersey, Saint Andrews University en Saint Andrews (Escocia), Belcher Elementary en Clearwater (Florida), la Universidad de Florida del Sur, y la Universidad Estatal de Florida..

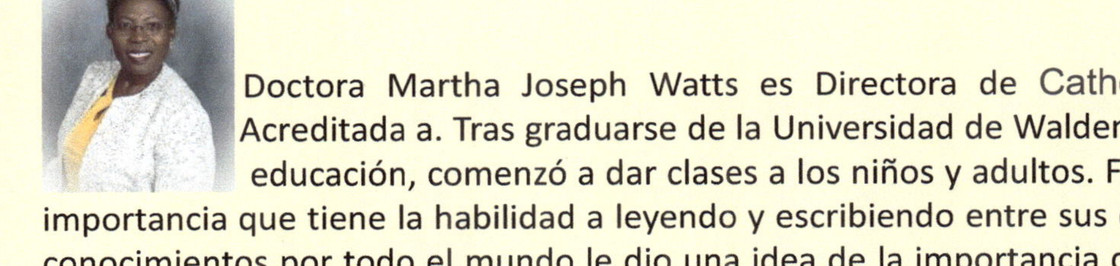

Doctora Martha Joseph Watts es Directora de Catherine Eileen Academyy Profesora Acreditada a. Tras graduarse de la Universidad de Walden con un doctorado en enseñanza del educación, comenzó a dar clases a los niños y adultos. Fue entonces cuando se percató de la importancia que tiene la habilidad a leyendo y escribiendo entre sus estudiantes. El haber transmitido sus conocimientos por todo el mundo le dio una idea de la importancia de los fundamentos emocionales con respecto a cómo aprenden leer y escribir las personas. Ha impartido clases en el universidades y escuelas en los Estatdos Unidos y el Caribe. Presente en la ASCD 2015, 2015 USVI: escuelos privado y parochial y en los Universidades de Florida.

Traducción al español por Albert Milan. Albert Milan es el Manager de Spanish Works. Posee el título de Ingeniero en Informática de Sistemas por la Universidad de Almería y el de Filología Hispánica por la Universidad de Salamanca. Aunque en los comienzos de su carrera profesional en los años 90 se decantó por las ciencias y las computadoras como medio de vida, su pasión por la creación literaria finalmente le llevó a dedicarse al periodismo y a la creación de contenidos en medios de prensa tradicional. Residió en la ciudad irlandesa de Cork y en Dublín durante varios años, donde comenzaría a trabajar como traductor y redactor para una conocida multinacional. Años más tarde, con la llegada de la revolución digital, Albert Milan reúne en 2014 a un equipo de profesionales traductores y escritores, naciendo Spanish Works.

www.ingramcontent.com/pod-product-compliance
Lightning Source LLC
LaVergne TN
LVHW070206110826
845147LV00002B/513
* 9 7 8 1 9 4 6 7 8 5 2 7 5 *